英語教育21世紀叢書

英語力はどのように伸びてゆくか
―― 中学生の英語習得過程を追う

太田 洋・金谷 憲
小菅敦子・日臺滋之 ―― 著

大修館書店

まえがき

　「学習者中心の英語教育」と言われ始めてからしばらく経ちます。この標語の持つ意味が，「教える側の都合のみで教えるのではなく，習う身になって教える」ということであれば，取りあえずそれはそれでよいことでしょう。けれども，この「習う身になる」ということが，生徒に共感するということだけを意味するのなら，それでは物足りないと思います。生徒が学ぶ過程をなるべく詳しく解明して，それに基づいて教えるようにしようということなら，この標語の持つ意味は十分だと思います。本来「教える」ということはこうでなければいけないはずです。

　しかし，学ぶ過程を理解することは，言うは易く行うことのなんと難しいことでしょうか。中学生が英語をどのようなプロセスを経て獲得するのかについては，よくわからないことが恐ろしいほど多いのです。この難しい課題へチャレンジしたのが，ここに示した私たちの研究です。一読していただけばわかるように，この課題にチャレンジはしているものの，その第一歩を踏み出したにすぎない程度のものかもしれません。まだまだ，英語学習の根本的なところは藪の中だと言わざるをえません。もっと研究をして，より深く学習過程を理解したいと思っています。が，とにかく第一歩を「鑑賞」していただきたいと思います。

　英語学習過程解明へ向けての第一歩という意味と同時に，この本には，そのための研究方法も示そうというねらいがあります。学習過程は研究しいたのですが，厳密で科学的な方法論ではどうもうまくゆかないことがよくあります。教育では，生徒たちにせ

よ授業にせよ，何にせよ全く同じものは2つとありません。したがって，条件を厳密に揃えた実験のようなことはそう簡単には出来ません。

　それでいて学習過程を解明したいのです。同じものは2つとないと言っても，生徒1人1人が全部全く違った学習過程を経て英語を獲得してゆくわけでもないでしょう。必ず共通点はあるはずです。学習過程の共通部分を少しでも解明したいのです。

　データに基づいた実証的研究をするには，生徒が話す英語や，書く英語を長年の間，保存して，それを子細に検討してみるという方法が有望だと思います。この本で紹介した私たちの研究は実際にこれを行ってみた報告です。読者の皆さんもこの本を研究の仕方の一例と見て，こうした研究に取り組んでいただけたら幸いです。

　本書を作り上げるにあたってはいろいろな方々のお世話になりました。この場を借りて感謝の意を捧げたいと思います。第1に，膨大なデータを私たちに提供して下さった，東京学芸大学附属世田谷中学校の生徒の皆さんに心から感謝を捧げます。この本の主役は何と言っても，生徒の皆さんだと思います。学習過程解明が一歩でも前進すれば，皆さんの後輩に役立つことになります。ありがとうございました。東京学芸大学金谷研究室の青木優子，神白哲史両君にも感謝します。両君は本書の原稿を丹念に読み，表現のわかりにくいところなど，細かく指摘して下さいました。また，本書のためのデータ処理については，文部科学省科学研究助成金（平成13-14年度　萌芽研究　課題番号13878038『英語学習における言語入力の内在化メカニズムの研究——中学生の語彙習得の場合』代表者・金谷憲）のお世話にもなりました。この場をお借りして感謝申し上げます。そして，地味な研究に理解を示して下さり，本書を上梓することをお引き受け下さった大修館書店，

とりわけ編集部の米山順一さんには特に御礼申し上げます。この研究が本書の形に結実したのも大修館書店と氏のご理解と辛抱強いサポートのお陰である確信しております。

 2003年3月

著者一同

『英語力はどのように伸びてゆくか』目次

まえがき ——————————————————— iii

第1章 生徒の英語習得過程をさぐる　3

1. 本書の目的 ——————————————————— 3
2. 意外に少ない中学生英語の記録 —————————— 4
3. 生徒に何を与えているか —— input の話 ——————— 5
4. 生徒は何をどのように取り入れているか —— intake の話 — 6
5. 学習を見つめよう ————————————————— 7
6. 本書の構成 ———————————————————— 8
7. 英語学習ブースター ———————————————— 10
8. 教師には何が出来るか ——————————————— 11
9. 生徒には何が出来るか ——————————————— 12
10. 東京学芸大学附属世田谷中学校の実践 ——————— 13
11. 研究の手法 ——————————————————— 14
　　11-1 英語教育研究の考古学的方法 ————————— 14
　　11-2 手法の長所・短所 —————————————— 16
　　11-3 生の資料を扱う ——————————————— 18
　　11-4 教師の記憶 ————————————————— 20

第2章 生徒に与えた語彙 —— input からみる　23

1. はじめに ————————————————————— 23
2. 語彙をどのように input したか ——————————— 24
3. 教科書から input した語彙 ————————————— 25
　　3-1 語彙の数え方 ————————————————— 26

目次 —— vii

  3.1.1 教科書からinputした異なり語数と総語数 — 28
4. ハンドアウトからinputした語彙 ——————————— 30
 4-1 日暮の場合 ————————————————— 30
 4-2 太田の場合 ————————————————— 31
 4-3 小菅の場合 ————————————————— 35
5. 教科書とハンドアウトとの関係 —————————— 37
6. 『基礎英語』からのinput ——————————————— 42
 6-1 『基礎英語』の語彙数 ————————————— 42
7. 生徒にinputした異なり総語数 ——————————— 48
8. まとめ ————————————————————— 49

第3章 生徒が習得した語彙 —— outputからみる   51

1. はじめに ————————————————————— 51
2. Inputされた語彙とスピーチでoutputされた語彙 —— 52
 2-1 スピーチの指導過程 —————————————— 53
 2-2 2年生と3年生のスピーチに現れた語彙サイズ —— 53
 2-3 2年生のスピーチ —————————————— 54
  2.3.1 教科書からinputされた語彙とoutput
    された語彙（総数）————————————— 54
  2.3.2 教科書からinputされた語彙とoutput
    された語彙（ケーススタディ）———————— 56
 2-4 3年生のスピーチ —————————————— 58
  2.4.1 教科書からinputされた語彙とoutput
    された語彙（総数）————————————— 58
  2.4.2 教科書からinputされた語彙とoutput
    された語彙（ケーススタディ）———————— 60
 2-5 ハンドアウトと『基礎英語』からのintake ——— 62

3. スピーキングからみた語彙の intake ―― 63
　3-1 分析に使ったデータ ―― 63
　3-2 分析対象の生徒たち ―― 66
　3-3 スピーキングで使用された語彙数の変化 ―― 67
　　3.3.1 異なり語数と総語数の変化 ―― 67
　　3.3.2 動詞の使用にみられる変化 ―― 73
　　3.3.3 intake された語彙と input との関係 ―― 75
4. まとめ ―― 79

第4章 語彙サイズテストからみた語彙の習得　81

1. Intake された語彙の数 ―― 81
2. 「望月テスト」とは ―― 83
3. 「望月テスト」の結果 ―― 89
4. 改訂北大語彙表と教科書等からの input との関係 ―― 90
5. 「望月テスト」の教育現場での意義 ―― 95
　5-1 「望月テスト」と学校の成績との関係 ―― 95
　　5.1.1 特徴のある生徒(1) ―― 97
　　5.1.2 特徴のある生徒(2) ―― 98
6. 語彙サイズとスピーキング能力との関係 ―― 100
　6-1 Interview test の実施 ―― 100
　6-2 「望月テスト」と interview test との関係 ―― 102
7. 卒業生のその後 ―― 110
　7-1 卒業生のプロフィール ―― 111
　7-2 「望月テスト」の結果 ―― 114
8. まとめ ―― 115

第5章 文法の習得　　　117

1. 不規則動詞の過去形の出現状況 ———————————— 117
   - 1-1 2年生と3年生との相違点 ———————————— 120
   - 1-2 2年生と3年生との類似点 ———————————— 120
2. 不規則動詞の過去分詞の出現状況 ———————————— 121
   - 2-1 2年生と3年生との相違点 ———————————— 123
   - 2-2 2年生と3年生との類似点 ———————————— 123
3. 1年間で伸びた語彙の数 ———————————————— 123
4. 英語の得意な生徒と苦手意識を持った生徒 ——————— 125
   - 4-1 スピーチデータからみた相違点 ———————————— 125
   - 4-2 接続詞からみた相違点 ———————————————— 126
   - 4-3 主語の位置に現れる後置修飾からみた相違点 ——— 128
5. 話し言葉の文法的分析 ———————————————— 131
   - 5-1 接続詞・代名詞の使用率の変化 ———————————— 131
   - 5-2 Wh疑問文の使い方の変化 ———————————————— 134
   - 5-3 「What＋名詞」疑問文の使用状況の変化 ——————— 138
   - 5-4 時制（現在形，過去形，未来表現） ———————————— 142
   - 5.4.1 正答率の変化 ———————————————————— 142
   - 5.4.2 時制（現在形，過去形，未来表現）の使用状況 ———————————————————————— 146
6. まとめ ———————————————————————— 148

第6章 会話の持続力からみたinputとintakeとの関係　　　151

1. はじめに ——————————————————————— 151
2. Intakeからみた会話の持続力 ———————————————— 152

3. 分析対象の生徒たち ———————————————— 153
4. 分析に使ったデータ ———————————————— 153
5.「会話の持続力」の伸び ———————————————— 156
　5-1 ポーズの取り方からみた英語力 ———————————————— 156
　　5.1.1 ポーズの位置の変化 ———————————————— 156
　　5.1.2 ポーズの回数の変化 ———————————————— 159
　5-2 発話の機能からみた英語力 ———————————————— 161
　　5.2.1 質問に答えた後，さらに付け加えて話すことが出来る ———————————————— 164
　　5.2.2 Follow-up question が出来る ———————————————— 166
　5-3 順番（turn）を維持する力からみた英語力 ———————————————— 169
　　5.3.1 EAQ のパターン ———————————————— 173
　　5.3.2 Turn を維持するためのパターン ———————————————— 175
6. まとめ ———————————————— 178

第7章 生徒は英語をどう学ぶか —— まとめ　　181

1. 生徒が接する英語（input）———————————————— 181
2. 生徒が吸収する英語（intake）———————————————— 183
3. 語彙サイズ（intake）———————————————— 185
4. 文法の習得（intake）———————————————— 188
5. 発話の仕方（intake）———————————————— 191
6. 中学2年生の後半に働く（?）ブースター ———————————————— 191
7. その他の「発掘」———————————————— 192
8. むすび ———————————————— 193

〈巻末資料〉
- ■教科書に出てくる基本語彙285語 ———————————— 197
- ■改訂北大語彙表〈1000語レベル〉———————————— 205
- ■基本語彙135語 ———————————————————— 215
- ■生徒の発話例 ————————————————————— 217

参考文献 ————————————————————————— 221
索　引 —————————————————————————— 223

英語力はどのように伸びてゆくか
―― 中学生の英語習得過程を追う ――

1 生徒の英語習得過程をさぐる

1 本書の目的

　中学生の英語学習を観察し，生徒たちがどのように習った英語を習得してゆくかを示そうというのが本書の目的です。観察を通じて，中学生の英語力がどのように進展してゆくものなのかを分析してみようということなのです。そして，できれば中学での英語学習の成功と不成功を分けるカギに迫ろうという目論見です。英語の基礎力がうまくついてゆく生徒と，どこかの段階においてつまずきがあり，その後の伸びがあまり十分でない生徒がでてきてしまうのはなぜか，何がその違いをもたらすのかを出来るだけ明らかにしたい，本書はこのようなねらいを持っています。

　それともう１つ，こうした中学生の英語学習過程を研究してゆくための研究方法や分析の視点などを提案してゆくのもこの本の目的であると考えています。英語を教える方法については本や論文のほか，記事などもいろいろと出ていて，議論も盛んにされています。しかし，生徒が学ぶ過程を研究する方法については，教える方法についての議論と比べるとまだまだ研究も少ないと思います。この少ない英語学習の研究に，私たちなりの貢献が出来ればという願いを込めてこの研究プロジェクトを行ってきました。この本はそのプロジェクトの報告です。

2 意外に少ない中学生英語の記録

　本書がめざしているのは，実際に中学生が，何年生頃にはどんな英語を話したり，書いたり，どのくらい聞けたり読めたりするようになっているかという実際の記録を分析することによって，中学生がどのように英語を学ぶのかを解明しようとする試みを示すことにあります。

　こうした記録とその分析はたくさんあるように思われる方もおいででしょう。でも調べてみると，実は意外に少ないのに驚かされます。先生方も毎日，生徒の使う英語には接しているはずです。しかし，生徒がどんな英語を使っているかをどのくらい〈記憶〉しているかとなると，実際は意外なほどはっきりとは残っていないのではないでしょうか。そして，中学生が話したり書いたりした実際の英語の〈記録〉となると，ほとんど残っていないのが現状ではないでしょうか。毎日の忙しい実践のなかで，生徒たちの学習を記録すること自体，大変難しいことだからなのでしょう。

　こんな指導をしたら生徒の「食い付き」がよかった，生徒の「集中」がよかったなどという印象はいくつかはあるでしょう。しかし，中学1年生の3学期に彼らがどんな英語を話しているか，どんな英語を書けるようになっているかなどについては，ほとんどわかっていないのではないでしょうか。

　「学習者中心の英語教育」などとよく言います。けれども，中心であるはずの生徒たちが，どのような行動をしているか，どのような英語を使っているかがわからないのです。生徒を教育の中心にすえるためには，生徒の英語の実態，学習の実態がもっとわからなければいけない，そんな思いから私たちはこのプロジェクトをスタートさせました。

3　生徒に何を与えているか——inputの話

　生徒に英語を与えることをinputと呼ぶことが出来ると思います。これに対して、そのinputされた英語の中から生徒が自分の頭の中へ取り入れた英語をintakeと呼んでみましょう。

　与えられた英語は全部、生徒の頭の中にそのまま取り入れられるものではありません。生徒はinputの中の一部分だけを取り入れることの方が多いでしょう。動機や学習の仕方によっては、ごく一部しか取り入れられないような場合もあるでしょう。また、学習意欲が強くてinputの全部が取り入れられるとしても、そのままの形で取り入れているかどうかはよくわかっていません。

　英語教育と英語学習の実態の中で、生徒がどのように学んでいるか（つまりintakeしているか）ということと比べると、教師が生徒にどのような英語を与えているか（input）ということについてはまだわかっている方だと思います。

　教科書を使って教えているわけですから、その教科書を見れば、いつどのような英語に生徒が接しているかがわかるはずだからです。しかし、「どのようなinputに接しているか」についての詳細は、私たちがわかっていると何となく思っているほどはっきりとはわかっていないようです。

　たとえば、語彙を取り上げてみましょう。どのくらいの単語をいつ頃までに与えているかは、わかっているようでも、詳しく見てみるとはっきりはわかっていないのが現状ではないでしょうか。

　学習指導要領によれば、3年間では1000語程度（平成14年からは900語程度に変わりましたが）を学ぶという大雑把なことはご存じの方も多いでしょう。けれども、この1000語のうち、中学1年では何語ぐらい教えているかと聞かれて、直ぐに答えられる人はあまりいないでしょう。中2ではどのくらい教えていますか。

中3では何語ぐらいでしょうか。

このように，3年間まとめてのinputの量ならばなんとなくわかっていても，各学年などのinputの「内訳」ははっきりとは把握されていないのではないでしょうか。

しかも，1000語程度，あるいは900語程度とは言っても，実際に教科書に載っている単語数はこれよりもかなり多いのが現状です。次の章で詳しく見ますが，最大1600語ぐらいです。しかも，教科書によって載っている語彙には100語ぐらいの単位で数が異なります。そんな事実も意外に知られていないのではないでしょうか。

文法についても同じようなことが言えます。動詞の過去形が出てくるのは1年の3学期ぐらいが多いのですが，それ以降，3年の終わりまで，過去形の文はどのくらい現れるのでしょうか。また，過去形が出た後で過去形，現在形などが混ざって出てくるレッスンというのはどのくらいあるのでしょうか。また，受け身は2年生で出てくる教科書が多いようですが，その後どのくらい登場するのでしょうか。

このように，inputについてはintakeより遙かに多くのことがわかってはいるはずでも，細かいことは意外なほどわかっていないのです。

4 生徒は何をどのように取り入れているか——intakeの話

生徒に何を与えているかはわかっているようであまりわかっていないことだとすると，生徒が何をどのように取り入れているかは，もっとずっとわかっていません。つまり，intakeについてはほとんどわかっていないということです。

何となく私たち英語教師は，教えたことをその順序で，しかも

かなりの程度まで生徒は取り入れているような気になっています。でも果たしてそうでしょうか。教えた順番で本当に生徒は取り入れていっているのでしょうか。

どうもそうとは限らないようです。簡単な例を見てみましょう。いわゆる3単現のsというのがあります。John play baseball. ではなく，John plays baseball. だというときのsの話です。

これなどは中1の早い時期にinputとしては生徒に与えられます。もし，生徒が与えられた順番に頭の中に取り込むものであるとするなら，3単現のsは中学の早い時期にintakeされていてしかるべきでしょう。

でも，どうでしょうか。多くの場合，3単現のsはなかなか定着しないものではないでしょうか。卒業するときでも3単現のsをつけられない生徒は多いのではないでしょうか。

使えるようになることまでを考えると，もっとわからないことばかりになってしまいます。When I came home, it started raining. などという文も生徒たちは中学で習います。しかし，このようなwhenを使って，生徒は自分のことなどを言うことができるのでしょうか。ご自分の指導されている生徒さんたちの発話を考えてみてください。このような構文が使える生徒さんは何人いるでしょうか。

このように生徒がどのような英語を取り入れているか（intakeしているか），また使えるようになっているかは，わかっているようでほとんどわかっていないのです。

5 学習を見つめよう

この頃，「教師中心から学習者中心へ」と言いますが，このことは単に教師の身勝手で授業を進めてはいけない，生徒の気持ち

をよく考えて教えようということだけでは不十分なのではないでしょうか。

もっと正確に「教育中心から学習中心へ」と言ったほうがよいのではないでしょうか。「教師中心から学習者中心へ」ということと「教育中心から学習中心へ」ということとは微妙に異なることだと思います。そして、その微妙な差が実は英語学習を考える上では無視できないのではないかと思います。

生涯教育と言われた時代から、現在では生涯学習の時代だと言われてきています。それが正しいと私たちも思います。人が他の人を生涯にわたって教えることはほとんど無理です。が、人は生涯にわたって学び続けることはできるものだし、よりよく生きるためには生涯学び続けるべきものなのでしょう。

学習者中心で「教える」ためにはどんな教え方があるかということを模索することは、決して意味のないことではありません。しかし、学習者中心であろうと教師中心であろうと、「教える」ことに忙しい私たち教師は概して生徒たちの「学習」をよく観察できていないことが多いのです。

6 本書の構成

この本では、東京学芸大学附属世田谷中学校で生徒たちに与えている input をなるべく丁寧に把握してみようと思います。Input の多くは教科書に載っている英語ですので、大部分は既に把握しているようには思いますが、最初にその「内訳」をもう少し詳しく見てゆこうと思います。

たとえば、語彙の話です。平成13年度までの学習指導要領によりますと、中学校3年を通じて共通語彙（507語）を必ず含めて1000語程度を学習することになっていました。

ここまでのことは，中学校の先生なら誰でも知っています。しかし，その先となるとどうでしょう。中1では何語ぐらいinputしているでしょうか。中2では？などとなると即座に答えられる先生はごくわずかではないでしょうか。

　私たちはこの語彙にしても学年ごとに分けてどのくらいのinputが行われているかを調べてみました。基礎データを押さえておこうということです。

　話はここで終わりではありません。語彙ひとつとっても，世田谷中学校で与えている語彙は教科書に出てくるものだけではありません。教科書に加えて，授業で配るハンドアウトがあります。いろいろな活動に必要だと思われる語彙はこうした形で生徒たちに与えてゆきます。したがって，語彙の面からのinputの量にはハンドアウトという形で与える分も数に数える必要があります。

　また，生徒にはNHKラジオ『基礎英語』を聞くことを勧めています。そして多くの生徒たちがこの番組を利用しています。となると，この番組に出てくる語彙も生徒たちの語彙力形成に与って力があるということは十分考えられます。したがって，この分もinputとして加えようと思います。

　こうした形で，3年間でどのようなinputを生徒に与えてきたかを後づけができうる限り明らかにしようと思います。

　さて，1つお断りしておかなければならないことがあります。英語教師は生徒にどのようなものをinputとして与えているでしょう。語彙，文法，発音のし方，教科書などの題材などだと言えます。もちろん英語学習を通じて，学習に対する取り組み方であるとか，異文化への視点であるとか，果ては，根性などというものまであるかもしれません。しかし，この本ではそうした二次的なものはさておいて，英語そのものに限って考えてゆこうと思います。

英語を習得することより根性や異文化への態度などを得ることを重視されている先生方には、本書はいささか物足りなく感じられるかもしれませんが、そうした先生方でも英語そのものの習得にまったく無関心ではいられないはずです。

7 英語学習ブースター

基礎的な input の確認と学習データの整理をした上で、私たちがこのプロジェクトでもっとも興味を持って進めた点は、生徒の学習の実態をつぶさに観察することによって、中学校で英語力の基礎を築くことの出来た生徒と、それがうまくゆかなかった生徒とを分ける要因がどのようなものかを割り出したいということなのです。

どうもそうした成功と失敗の分かれ道が中学2年生のどこかに来るように、漠然と私たちは経験上感じていました。それは単なる気のせいなのか、あるいは何らかの根拠を見いだせるようなものなのか、私たちは特に興味を持ったのです。

なぜ、ある生徒の英語学習はうまくいったように見え、一方ある生徒の英語学習は中学にして既に停滞してしまったように見えるのか。ここが私たちとしては是非とも知りたい点だったのです。

私たちの経験から来る素朴な感覚としては、何かが達成されて高校へと進んだ生徒たちはどんどん英語学習を進めてゆき、高い英語の運用力を獲得してゆく。しかし、中学の半ばのどこかでつまずいてしまった生徒たちは、高校へ行ってもさほど英語力の伸びを示さないように思えるのです。

さて、その違いを生じさせているのはいったい何でしょう。その解明がこの研究プロジェクトを始める大きな動機の1つになっているのです。

英語学習を飛躍的に進歩させるもの，いわばロケットのブースターのような役を果たすものがあるとすれば，それは何でしょうか。ブースターがうまく働けば，ロケットは無事大気圏外へ脱出し，月へであろうと火星へであろうと飛んでゆくことができるのです。逆にブースターがうまく働かなければ，ロケットは大気圏内から出ることなく，ついには墜落してしまうことになるかもしれません。

　英語学習についても同じようなことが言えるのではないかと私たちは考えてみたのです。生徒が英語を学ぶことに不熱心で十分に勉強しないというなら，それは学習成果がある程度のところで停滞していたとしても仕方がないことでしょう。

　しかし，生徒自身はできうる限りの努力を続けていると仮定して，しかもなお学習成果が思うように上がらない場合，どのようなことが原因になっているのか。先ほどの比喩を使えば，ブースターがどこかで故障してしまっているのではないかと考えたのです。

　さて，英語学習ブースターとは何なのでしょうか。音声なのでしょうか，語彙なのでしょうか，それとも文法でしょうか，あるいはこれらがある配合で混じり合ったものなのでしょうか。そうしたことが知りたい。これが私たちの約3年にわたる研究プロジェクトの動機だったのです。

8　教師には何が出来るか

　ブースターの正体がわかったとして，次に私たちの知りたいことは，教師は何をすれば生徒の英語学習ブースターが正常に作動するようになるのか，生徒は何をすればブースターが正確に彼らを大気圏外（英語力の定着）へと運んでくれるのかという点です。

英語教師が生徒に input を与えられることはほぼ確かなことです。教科書の内容をかみ砕いて提示することは教師なら普通に行っていることでだからです。

　問題は，しかし，生徒が input を取り込む（intake する）にあたって，教師はどのような手伝いが出来るかということについての研究は，まだ十分な知見を私たちに与えてくれていないということです。

　このことについての答えを見いだすことも，今回のプロジェクトの延長線上のどこかにあるのだと思います。ただし，たかだか3年足らずの私たちのプロジェクトで，このことについての確たる答えを提供しうると私たちは思っていません。あくまでもその方向へ向かっての第1歩を，私たちが進み始めたのだということにとどまると思います。

9　生徒には何が出来るか

　生徒の実態を知るということは取りも直さず，生徒が英語を使って，どんなことが出来るかを明らかにすることにほかなりません。

　生徒たちは，たとえば中学1年を終わった段階でどのくらいの量の語彙を使うことが出来るようになっているのでしょうか。平均値は，最高値は，最低は，それぞれどのくらいかといった実態を明らかにする必要があるでしょう。同じことが中学2年にも中学3年についても言えるわけです。

　そして，このプロジェクトで一番興味を持っている，中学2年の中頃にどんなことが起こるのかを明らかに出来ればよいと思っています。

10　東京学芸大学附属世田谷中学校の実践

　ここまで述べてきたように中学生英語の実態ははっきりしません。記録もあまりありません。しかし，あるところにはあるのです。

　東京学芸大学附属世田谷中学校には，これまでにこの学校で学んだ生徒たちの，英語による performance の膨大な記録が残されています。スピーチの原稿であるとか，スピーチそのもののビデオ，ALT とインタビューしたときのビデオ，友達同士で行ったペアワークのときの会話のテープなどが何年分にもわたって残されているのです。中学生の英語学習の記録です。いわば学習記録の宝の山なのです。

　ただし，この宝の山は，初めは整理されていませんでした。整理されていない記録というものは情報の価値を持ちません。分類整理されて初めて分析の対象になり得ます。分析の結果から中学生の英語力の発達状況，その際，何らかの規則性があるかどうかを研究するなどということは，記録が整理されて初めてできることなのです。

　せっかくの宝の山です。この山をそのまま放っておいたのでは宝の持ち腐れになってしまいます。この記録を丁寧に整理し，比較し，つなぎ合わせながら，世田谷中学の生徒たちの英語力がどのように成長していったのかを「復元」しようという試みに私たちが取りかかったのは3年前でした。

　記録は附属中学のものですから，普通の公立中学校とは違ってはいるでしょう。しかし，記録をどのように残して，それをどのように分析してゆくと生徒たちの学習の足跡がどのようにわかってくるかという例としては，十分役立つものだと考えられます。

　附属の実践だということで，一般的には当てはまらないという

ように一方的に決めつけず，研究の１つの試みとして受け取ってほしいと思います。附属か附属ではないかは別にして，ある中学生たちの英語習得の一例としてみていただければ幸いです。もしかしたら，私たちの研究から浮かび上がった中学生の英語力の伸び具合やつまずきのポイントには一定の傾向が見られ，学校間や生徒間で差がないとも考えられます。現段階では比較するデータがありませんので何とも言えませんが，大方の中学生が英語を習得してゆく過程には同じような傾向が見られる可能性はあるということです。このようなことも頭のどこかに入れて私たちの研究を見ていってほしいと思います。

11 研究の手法

この試みで私たちの使った研究の手法というのは，今述べたように学習の記録を掘り起こし，比較してそこから学習についての一般性へと達しようというものでした。また，一般的傾向のほかに生徒のタイプによる違いが見つかれば，それも浮き彫りにして記述したいという希望をもって仕事を進めました。

11-1 英語教育研究の考古学的方法

私たちの研究方法を分類すれば，実証的研究ということになるでしょう。しかし，実験的手法ではありません。

実際のデータを使って，それを整理分析しているから実証的研究と言えるのです。でも，何かの予測のもとに実験をして，予測通りになるかどうかを見るということはしていません。だから，実験的な手法を使っているわけでなないのです。

実験的手法とは，ある仮説に基づいていろいろな条件（生徒の

学力，動機の強さ，指導の頻度等々いくらでもあります）をできるだけ一定にした上で，見たい要素がどのような働きをしているかを調べるというものです。

　語彙のサイズによって読解力はどのように異なるかが見たければ，語彙のサイズ以外は同じであると思われる生徒だけを比較することになるでしょう。英語学習への動機が大きく異なる生徒を比較したのでは，語彙サイズが読解にどのような影響をもたらすかを理解することができません。また，そのとき，生徒たちに読ませるものは同じでなければなりません。語彙のサイズの大きな生徒にはAというテキストを読ませ，語彙のサイズの小さなグループにはBというテキストを読ませて結果を比較するというのでは，まともな実験にはなりません。

　けれども，この本に示されている私たちの仕事の中にはいかなる実験もありません。今あげたような要素を一定にして，何かの効果を測定してみるといったことは一切していません。

　こうした私たちの手法に一番似ているのは歴史学か，考古学の方法かもしれません。歴史学や考古学では実験をしてみることはできません。歴史学では，断片的な資料を読み合わせ，つなぎ合わせて，ある史実を掘り起こしてゆきます。考古学の調査では，出土した土器の破片を丹念につなぎ合わせてゆくことで壺や皿の原型を復元してゆきます。

　考古学の仕事というのは，こうして復元された事実や土器などからその時代のあり様などに思いをいたす仕事だと思います。そうした作業の仕方に一番似た方法をこの研究プロジェクトではとったのです。英語学習研究の考古学的手法と言ってもよいのではないでしょうか。

　世田谷中学での実践の結果は，スピーチやインタビューなど，何年にもわたって膨大な記録が残されています。けれども，残念

ながら1人の生徒の記録が3年間を通じてすべてそろっているということはあまりありませんでした。

スピーチを例にとってみても，1人の生徒の3年間にわたった変化を示すような記録は，整理してみるとかなり少ないのです。3年間に何回かあったはずのALTとインタビューの記録のうち，生徒の欠席やその他の理由で全部完全に残っていることは少ないのです。考古学で，土器が無傷でそのままの形で残っていることはほとんどないのに似ています。そうした数少ないデータをつなぎ合わせながら，データのそろわない生徒については推測してゆく，そうした方法を私たちはとってきたのです。

11-2　手法の長所・短所

実験的な手法と違って，この手法では英語学習について，はっきりとした仮説を立証したりすることは出来ません。条件がばらばらだからです。学習に関するいろいろな要素が一定に保たれていないからです。

インタビューひとつにしても，いろいろな条件の下に行われています。生徒の集中力の非常によいときに行われたものもあるでしょうし，気分の優れないときのインタビューも当然混ざっています。毎日インタビューをしているわけではないのですから仕方がありません。

うまくいったスピーチもあるし，準備不足のため生徒自身には不満の残るスピーチもあったことでしょう。そうしたさまざまな条件下でのperformanceを比べながら，それでも進歩しているところがあったらそれはどこだろうか，変わらないところがあったらそれはどのようなところに現れているだろうか，といったことを探っていったのです。

はっきりした仮説検証が不可能であるという欠点はあるものの，こうした研究手法にはこの手法なりのメリットもあるはずです。それは，いろいろな条件をコントロールしない分，教育活動の自然さが失われるおそれがないことです。

　そして，もう1つ，私たちの扱ったデータは何年にもわたって蓄積されたものです。そのため，ここで毎年のように繰り返し現れる現象があったとしたなら，それは真実に近いということが推測できるという長所があります。

　第1の点ですが，教育はその都度その都度，時々刻々変わってゆく生徒を相手に行われているものです。教師は生徒の状況を観察しながら，場合によっては，その日に予定していた指導案にその場で違う要素を加味して教えることもあるでしょう。また，生徒の集中力が低下してきたのを見れば，予定していたことでもその日には行わないという決断を下すこともあり得るでしょう。またそうあらねばならないのです。授業は「生き物」だからです。そして，生徒はもちろん生きた人間だからです。

　実験的な手法でゆくと，いろいろな条件を一定に保たなければなりません。その分，予定を変更して予定にはない要素を付け加えたり，予定していたことを省略したりすることは望ましいことではないということになってしまいます。

　研究への配慮のため，授業を成功させることより研究が優先されると，教え方が硬直化してきてしまうおそれがあります。硬直化した教え方では生徒指導はうまくゆきません。教育研究は生徒の利益を目指す研究領域です。研究したことにより教育を受けた生徒が不利益を受けるような研究があるのなら，それは本末転倒というものでしょう。そのような「研究」計画は潔く捨て去らねばなりません。私たちのとったような研究手法にはそのおそれはありません。

そして，もう１つのメリットの話です。実験科学では，１つの結論を決定づけるためには何度も追試を繰り返し，同じ結果が出ることを確認しなければなりません。１回の実験である結果が出されたとして，また，その実験がどんなに周到に計画されていたとしても，１回のみの実験で出た結果を真実であると決定することは出来ません。

　教育の研究ではなおさら，１回や２回の実験，１度や２度の実践の結果で一般化するわけにはゆきません。教育の成果というものは生徒や学級，学校，先生との関係などなど，本当にさまざまな要因に微妙な，また場合によっては大きな影響を受けるからです。しかし，十分に条件をコントロールした実験を行っていなくても，同じ結果が何年にもわたる実践で得られていれば，それはこうしたさまざまな要因の影響を乗り越えて，真実に近い，これから教える生徒にもかなりの程度当てはまるようなものだと考えて差しつかえないのではないでしょうか。

　世田谷中学校のデータはこの点十分に長い歳月にわたり蓄積されているものですから，この中で何度も繰り返し似た現象が観察されれば，少なくともこの学校の生徒についてそれを真実に近いものと認めてもかまわないと思います。

11-3　生の資料を扱う

　私たちのプロジェクトが歴史学や考古学の手法に似ているということは既に述べました。もう１つの特徴は，歴史学でも考古学でも，第１次資料に接して，それを復元してゆくのが基礎だと思います。そうした基礎資料を踏まえて次の段階へと進んでゆくわけです。

　歴史学で喩えてみましょう。江戸時代の商家の大福帳（つまり

帳簿）を丹念に調べるという段階が歴史学の基礎的段階だとすれば，それを元にして江戸時代の経済がどのようなものであったかを考える段階が，次の段階として考えられるわけです。このようにして徐々に「学」としての体裁を整えてゆくことになります。

また，考古学なら復元された土器を他の時代の出土品と比較することによってその時代の特色を考察しようとするでしょうが，その際，それぞれの土器の復元をちゃんと行うというのが前提です。こうして考古学の研究が徐々に進んでゆくことになります。

私たちの研究は生の資料を整理するという段階に属します。英語学習の研究では，学習の一次資料を主役として登場させるというものはまだまだ少ないと思います。どのように教えるかを考える前に，あるいはそれと同時並行して，生徒たちがどのように英語を学ぶものなのかを押さえてゆかなければならないのですが，意外とこの辺の事情は押さえられていないのが現状ではないでしょうか。

よく「理論研究」ということを耳にします。よい理論というのは，しかし地道に積み重ねられた事実の収集から発想されたものが多いと思います。

もちろん理論家の強烈なイマジネーションによって突然変異的に導き出される優れた理論もあり得るでしょう。しかし，よい理論は事実の積み重ねの上に立ったイマジネーションであることが多いのです。

1つ例を挙げてみましょう。地動説という「理論」があります。読者諸氏もご存じですね。「それと英語教育と何の関係があるのか」などと短気を起こさずに，少しの間私たちの言い分に耳を傾けて下さい。

この地動説というのは，ガリレオやケプラーによって主張された理論です。この理論は，こうした人たちがあるとき何の理由も

なく,「天が地球の周りをまわっているのでなく,地球が太陽のまわりをまわっているのだ」と言い出したものではありません。言い出した理由があるのです。

ケプラーには先生がいました。チコ・ブラーエ（Tycho Brahe）というデンマークの天文学者です。この人が星の動きを年がら年中,長年にわたって観察し続けたのです。ケプラーはこの先生の残してくれた膨大なデータを調べてゆくうちに,不規則な動きをする星がいくつかあることを発見します。もし宇宙（少なくとも後に私たちが言う太陽系）が地球を中心とする板のようになっていて,その板がぐるぐると地球を中心にしてまわっているというのが天空の動きであるとすると,ほかの星と違った動きをする星があろうはずがありません。みんな,整然と地球の周りを一定速度で回るはずです。ケプラーはなぜこんな変なことが起こるのかを説明しなければならなくなったのです。もし,地球の方が動くと仮定すると,この変な星の動きがうまく説明がつきます。これが地動説へと彼を駆り立てていった原動力であると言われています。

私たちの研究段階は,まだチコ・ブラーエ先生が天空の動きをひたすら観察されている段階に相当するわけですが,その段階の後に地動説（？）のような理論が生まれてこないとも限りません。私たちのイマジネーションを刺激してくれるような法則性が垣間見られることを期待しながらデータの整理を行っていったのです。

11-4　教師の記憶

もう1つ私たちの研究手法の特色は,教師の主観的な記憶を排除せずむしろ大切にしたことです。

スピーチやインタビューのビデオ,pair work のテープ,それ

にスピーチの原稿などを整理するにあたって，長年指導をしてきた教師の判断，記憶などを主観的なものとして排除するのではなく，データとつきあわせながら積極的に活用するという方法をとってきました。

1人の生徒のビデオを見るときも，私たちプロジェクト・チームの中には，実際にその生徒を教えた教師がいるのです。世田谷中学校で教鞭をとっている教師（少なくとも直接教えた人は）はビデオに現れている生徒をすべて知っているのです。卒業するまでの3年間のつきあいがあるのです。教師が持っているその3年間のつきあいの記憶も，ビデオに現れた生徒の performance を判断するときの重要な判断材料として使っていったのです。

語彙テストの結果を分析するときも，絶えず「この生徒は在学中，どんな生徒だったか」ということを私たちは議論しました。1日や2日のつきあいではないのです。3年間つきあってきたのです。3年間の接点の中から得た情報を使わない手はありません。こと英語学習に関しては担当教師以上の情報を持っている人はほかにあり得ないのです。したがって，私たちは現場型の研究手法として，こうした教師が持っている生徒に関する情報（もちろんプライベートな情報ではありません）を積極的に使うようにしたのです。

日本人中学生の英語学習の実態を摑むためには，多くの人達が学習記録を整理して分析することが不可欠です。世田谷中学校以外でも英語学習記録が残っている中学では，どこでもこうした研究を進めていってほしいと思います。そのとき，私たちのとった手法が少しでも役立てば，私たちも研究を始めた甲斐があったというものです。

2 生徒に与えた語彙
——input からみる

1 はじめに

　これから，東京学芸大学附属世田谷中学校の実践について述べていくわけですが，まずは，このプロジェクトに参加した世田谷中学校の英語科のスタッフを紹介します。常勤の教師は，日䑓滋之，太田洋，小菅敦子の3名で，この3人が1学年4クラスの英語を，それぞれ1学年ずつ担当しています。しかも，特別な事情がない限り，1人の教師が，1つの学年を3年間通して担当するようにしています。

　平成13年度までのカリキュラムでは，英語は週に4時間あり，そのうちの1時間は ALT とのティームティーチングを行っていました。その他に，いくつかの選択の授業がありますが，それについてはここでは扱わないことといたします。また，平成14年度以降のカリキュラムについても，ここではふれません。別の機会にゆずりたいと思います。

　さて，これから紹介する実践は，それぞれ3人がある年度に入学して来た生徒を2年間ないし3年間通して教えてきたときのことになります。世田谷中学校では，その創立以来の順番で特定の学年の生徒を「〜回生」と言う呼び方をするのですが，どの年度の，どの生徒のことをお話しようとしているかについては，次の

表をご覧ください。

教授者	教えた年度	生徒の呼び方	生徒の学年
日臺	1996年度～1997年度	49回生	2年～3年
太田	1997年度～1999年度	51回生	1年～3年
小菅	1999年度～2000年度	53回生	1年～2年

　この表で見ると、たとえば日臺が教えたのは、1995年度から97年度まで在籍した49回生と呼ばれる生徒が2年生と3年生のときであるということです。3番目の小菅については、1999年度に入学した生徒を1年、2年と2年間だけ教えたときのことになります。

2　語彙をどのように input したか

　生徒の学習過程を見ていくときに、まず考えなくてはならないものは、input です。つまり、何を教えたかということです。「教科書を教えたんじゃないの？」という質問が出てきそうですが、要は、その具体的な中身の問題です。もちろん、検定教科書を使用して授業は行いましたが、実際にその中身はどうなっているのかを見てみたいということです。内容と言っても、大きく、語彙、文法、表現などがありますが、ここではまず、語彙について見てみたいと思います。いつも学習指導要領の改訂の時には語彙の総数が問題になりますが、実際私たちが毎日授業で使っている教科書では、どんな語彙がどれくらい使われているのでしょうか。

　それから、本校では教科書以外にも、生徒に与えた語彙があり

ます。それは、授業中にそれぞれの教師が使用したハンドアウトや副教材に出てくる語彙です。これらは、その授業に関連して、それぞれの教師が教科書以外に生徒に与えたものなので、当然、教師1人1人異なります。このことについても見てみなければならないということです。

そして、もう1つ、世田谷中学校英語科では、伝統的に、生徒にNHKラジオ『基礎英語』の聴取を勧めています。本当に聞いているかどうか、テストをしたりはしていませんが、どの教師も、毎日、生徒にオリジナルの聴取表に記入させて、月ごとに集計をして、生徒の努力を評価するようにしています。私たちの手応えでは、どの年度の生徒も、1年生の4月にはほとんどの生徒が、翌年の3月でも8割ぐらいの生徒が聞いています。そして、2年生では1年間を平均すれば、半分ぐらいの生徒が、さらに、3年生では3割ぐらいの生徒が受験前を除いては聞いていると考えられます。もちろん、聞きっぱなしで、全然記憶に残っていないということもあると思いますが、とりあえず、この『基礎英語』がどれほどの語彙を生徒に提示しているのかも、知っておく必要があると思い、inputの語彙として調べてみることにしました。

私たち3人が教えた生徒にはどれくらいの語彙が授業で与えられたのでしょうか。以下、教科書、ハンドアウトと副教材、そして『基礎英語』ごとに、それぞれの生徒が実際に使った教材を調べて、その結果をご報告してゆきたいと思います。

3 教科書からinputした語彙

まず、3人の教師が使った教科書は以下の通りです。

日髙：*One World English Course*（平成 4 年度版（1 年生），平成 8 年度版（2，3 年生），教育出版）

太田：*New Horizon English Course*（平成 9 年度版，東京書籍）

小菅：*New Horizon English Course*（平成 9 年度版，東京書籍）

ただし，みなさんもそうだと思うのですが，教科書を最初から最後まで 1 ページももらさず授業で扱ったということは意外に少ないのではないでしょうか。しかも，本校では，1 学年すべてを 1 人の教師が教えていますから，どこをどう扱おうと，中間や期末テスト等ですぐに不都合が生じるということはありません。ですから，太田と小菅は同じ教科書を使っていますが，多少扱っているところが異なっています。それにともなって，後ではっきりと記しますが，input した語彙も多少異なってきます。また，調べるときに，各セクションにまとめて示された新出語句の欄などは，語数を調べる際には対象外にしました。また，日髙が1995年に入学してきた生徒を実際に教えたのは 2 年生と 3 年生だけなのですが，英語の学習が 1 年生からの積み重ねであることを考え，教科書からの input については，Book 1 から Book 3 までをすべて調べることにしました。

3-1 語彙の数え方

さて，教科書の語彙は実際には何語ぐらいあるのでしょうか。とは言ったものの，このとき，語彙の何を数えるかが問題となります。教科書に出てきた 1 語 1 語をすべて数えると，これは「総語数」になります。基本的な語彙は何回も出てきますが，その都

度1語と数えます。それに対して、1度出てきた語彙は2度目からは数えないとすると、全部でどれだけ異なった数の語彙が出てきたかを知ることができます。これを「異なり語数」と言います。もっと、面倒くさいことに、これらの語彙を数える時に、動詞の活用形や規則的に派生される形容詞、副詞はどうするか、固有名詞はどうするかなどといった疑問が生じます。これも、それぞれ考え方があって、活用形や固有名詞は数えないという方法もありますが、私たちはそれらもすべて含めて数えることにしました。中学生にとっては、have, has, had, having の1つ1つの使い方と意味を学習していかなければならないわけで、とてもこれらを have 1語でまとめてしまうわけにはいきません。これらを別々に数えることに意味があるわけです。固有名詞についても、John という名前を読んだり書いたりすることができるかどうかが、学習過程では大切なことになります。また、I'm という語は I am と同じ意味を表しますが、ここでは I や am とはそれぞれ別の語彙として数えています。He's, she's のような短縮形も同じように数えます。

　そして、いよいよ教科書の語彙を数えていくのですが、それぞれのページの語彙を手作業で数えたわけではありません。3人が授業で扱ったところの語彙をコンピュータソフトで入力しました。入力と言っても、実際には、TM についているファイルから必要なところを抽出しただけです。これらの語彙が全部でいくつあるかについては、ソフトでも数えることができますが、語彙を分析する専用のソフトを利用して「総語数」をまず出しました（〈参考文献〉参照）。また、同じソフトを使って、先ほど説明しました「異なり語数」も出しました。

3.1.1 教科書から input した異なり語数と総語数

日置,太田,小菅の3人がそれぞれ扱った教科書の「異なり語数」と「総語数」は以下の通りです。

表1 日置が扱った教科書(*One World English Course*)の異なり語数と総語数

	全体	Book 1	Book 2	Book 3
異なり語数	1,682	593	1,000	1,046
総語数	14,855	3,855	6,354	4,646
総語数に対する異なり語数の割合(%)	11.32	15.38	15.74	22.51

表2 太田が扱った教科書(*New Horizon English Course*)の異なり語数と総語数

	全体	Book 1	Book 2	Book 3
異なり語数	1,281	481	748	710
総語数	7,726	1,674	3,294	2,758
総語数に対する異なり語数の割合(%)	16.58	28.73	22.71	25.74

表3 小菅が扱った教科書(*New Horizon English Course*)の異なり語数と総語数

	全体	Book 1	Book 2
異なり語数	1,095	532	863
総語数	5,968	1,874	4,094
総語数に対する異なり語数の割合(%)	18.35	28.39	21.08

ここで押さえておきたいことは,表1～3の Book 1, Book 2, Book 3 でそれぞれ数えられた「異なり語数」には,すべてがまったく別の語彙ではなく,同じものも含まれているということ

です。

　3年間共通して出てくるもの、つまり、1年生のときに出てきて、繰り返し2年、3年にも出てくるものは、どれくらいあると思いますか。実は、日曁の扱った教科書の場合で285語です（〈巻末資料〉参照）。これは総異なり語1,682語の16.9％にあたります。太田の場合は、193語で総異なり語数1,281語の15.1％になります。教科書が違っても、割合で見ると同じような感じです。これを皆さんはどのように思われますか。本当は、同じ語彙に何回も出くわして、その意味や使い方を確認していくうちに、その語彙が身についていくものです。3年間を通して、全体のほぼ15〜17％しか同じ語彙が出てこないということは、3年間を通じて繰り返し使われる語彙は、学習者の立場から考えるとそんなに多くないと言うことができると思います。「後は教師の裁量と生徒の努力にまかせる」というのが、教科書の現状のようです。

　今回の研究ではそこまでは調べられなかったのですが、この3年間に共通して出て来る285なり193なりの語彙の定着は他の語彙より良いのでしょうか。もし、これらの語彙の定着が一番よければ、中学3年を終えた段階で、最低こうした語彙が定着しているかどうかを1つの基準として見ることができるのではないでしょうか。

　それにしても、教科書が異なると総語数がかなり異なっていることに気がつかれたでしょうか。太田と小菅の場合は同じ教科書でも扱ったところが多少異なっているので、数値に多少その差が出てくるのですが、日曁と太田では3年間で倍近く違っています。総語数は倍近く日曁の方が多いのですが、異なり語数は倍になるほど多くはありません。ということは、日曁の教科書の方が、繰り返し同じ語彙を多く使ったということになります。このことは、表の「総語数に対する異なり語数の割合」の数値を見てもわかる

と思います。

　よく，総語数が多い教科書は難易度が高いように思われて，学校現場でのうけが悪いということを聞きますが，果たしてこれは生徒にとっては悪いことなのでしょうか。繰り返し出て来る語彙が多い方が，生徒には親切なようにも思えるのですがいかがでしょうか。

4　ハンドアウトから input した語彙

　すでにお話した通り，私たち3人は授業中に指導の補助教材として，ハンドアウトを生徒に与えています。これらは教科書の内容からかけ離れたものではありませんが，教科書では提示されていない語彙を input した可能性は十分にあります。そのハンドアウトで3人はどのような語彙を与えたのでしょうか。

4-1　日蓲の場合

　日蓲がよく生徒に与えたものは，授業の最初のウォームアップとして使用した前置詞ビンゴ，動詞の活用形ビンゴ，比較変化のビンゴです。また，文法事項の導入の後に，その文法事項を用いた練習としてペアワークで使用したハンドアウトなどもあります。あるいは前時の文法事項の復習としてペアワークで使用したものもあります。教科書の語彙を増やしたり，文法事項を定着させるのがそのおもな目的です。ハンドアウトは，ほとんどが教師自作の教材であり，毎時間1枚配布し利用するのが常で，生徒へのプレゼントのつもりで作成したものです。

　日蓲は，平成7年に入学してきた生徒を，2年生と3年生の2年間だけ教えています。残念ながら，彼らを1年生の時に教えて

いた教師からそのときのハンドアウトを入手することができなかったので、ここでは、2年生と3年生に対して使用したハンドアウトに出てきた語彙についてだけ調べることにします。教科書のときと同じように、ハンドアウトの英文や単語をすべてコンピュータに入力し、分析ソフトにかけて調べてみました。その結果は以下の通りです。

表4　日暮が使ったハンドアウトの異なり語数と総語数

	全体	2年生で使用したハンドアウト	3年生で使用したハンドアウト
異なり語数	2,446	1,607	1,555
総語数	15,101	8,145	6,956
総語数に対する異なり語数の割合(%)	16.20	19.73	22.35

表4において、3年生で与えられた語彙が2年生の時よりも減っているのは、3年の3学期2月、3月に高校入試等で2年生の時より授業時数が減ることに原因があると思われます。

4-2　太田の場合

太田も、授業では教科書以外にいろいろな活動を行いました。その際の補助の1つとしてハンドアウトを使用し、主として教科書で補いきれない語彙、表現、構文を提示しました。

1つ実例を見ていただきましょう。次にお見せするものは、3年生の2学期にコンピュータを使ったwritingの授業の際に配ったハンドアウトです。

| What's new? 2 を見て | Wednesday, November 17, 1999 |

〈Good points〉
- 前回のプリントの表現を使って文を書いている。
 (one of 〜, Which do you like better, A or B?)

〈Useful expressions〉
1. I went to Tsutaya to **rent** a video.（私はビデオを借りるために Tsutaya へ行った。）
2. The Japanese volleyball team wants to **take part in Sydney Olympics**.（日本バレーボールチームはシドニーオリンピックに出場したい。）
3. Japan **lost to** Cuba.（日本はキューバに負けた。）
4. I think *Start Wars* is **one of the best movies I've ever seen**.（スターウォーズは私が今まで見た中で最高の映画の1つだと思います。）
5. **At first** it was so difficult for me to play this game, **but** it **soon** became easier.（そのゲームをするのは最初はむずかしかったけれど, まもなくやさしくなった。）
6. On November 9th, I bought **a CD. The title** is "Addicted to you."（11月9日私はCDを買った。タイトルは "Addicted to you." です。）
7. **I hope** Japan beats China.（日本が中国に勝ってほしいと思う。）
8. I didn't study **enough**.（私は十分に勉強しなかった。）
9. I don't have **enough** money.（私は十分お金を持っていない。）
10. My father **asked me to go** to the library and...（おとうさんは私に図書館に行って……するように頼んだ。）
11. Manami Honjo **is in** the drama.（本上まなみはそのドラマに出演している。）
12. **I think you should** buy that CD.（そのCDを買ったらいいと思う。1人に薦めている表現。 had better は命令になるの

で注意。)

〈みんなが英語で何というか知りたかった表現〉
a sweatshirt（トレーナー）／as usual（いつものように，いつも通り） lyrics, words（歌詞）／a student who is preparing to take the entrance examination（受験生）／until recently（最近まで）／try 〜 on（〜を試着する）／the main character（主人公）

　このようなハンドアウトに示された語彙，表現，構文をコンピュータに入力しました。各学年歌を何回か歌いましたが，ハンドアウトにして歌った歌は何度も繰り返し歌ったので，input の一部として入力してあります。分析の仕方は日葺の時と同じです。以下にその結果を示します。

表5　太田が使ったハンドアウトの異なり語数と総語数

	全体	1年生で使用したハンドアウト	2年生で使用したハンドアウト	3年生で使用したハンドアウト
異なり語数	1,318	690	817	410
総語数	9,058	3,925	4,046	1,087
総語数に対する異なり語数の割合(%)	14.55	17.58	20.19	37.72

　この表を見ると，まずハンドアウトで input する語彙の多さに目が引かれます。これは太田がハンドアウトに何を求めているかということと関係があるように思われます。太田はハンドアウトに生徒たちが使いたいと思っている語彙を多く入れるようにしています。そしてハンドアウトに載っている語彙は全部覚えることを求めるのではなく，まずは使ってみてそのいくつかを覚えるようになればいいというつもりで与えています。つまり歩留まりを

期待しているのです。「歩留まりを期待する」という方針は，太田が教師になってからどの学校で教えたときも同じ発想で行ってきたことです。ともすれば，「授業で習ったものはすべて覚えておきなさい」などと恐怖に近いことを生徒に言っていることはないでしょうか。こと言葉の学習においては，この「歩留まりを多くすること」が大切なように思われます。これは，暗黙のうちに私たち3人が共通して了解していることです。

次にわかることは，2年生では1年生より多くの語彙を input していることです。これは1年生から続けている会話を途切れず継続させる指導が2年生になって本格化し，生徒たちにモデルを示すためのハンドアウトを多く出したことによると思われます。

また逆に，3年生では input している語がかなり少ないことも目立ちます。この傾向は，日墓のときにもありました。日墓はその理由として，受験のことを挙げていましたが，太田の場合にはさらに次のような意図が働いています。3年生からは extensive reading やコンピュータでのライティングを活発に行うようにしていますので，モデルを示すより，今までに習ってきたことを使う機会を与える方に力点を置きたいということです。つまり生徒たちの手持ちの語彙がある程度増えたので，あとはその手持ちの語彙を使う機会を設けたわけです。したがって，ハンドアウトからの input は3年生になって減りましたが，extensive reading を行えば，そこからの input はかなり増えるはずです。また，受験対策として，長文の問題などもかなりの量を3年生では解かせています。これらの input をまた調べれば，3年生になってさらに input が増えていることが予想されます。残念ながら，これらのことは，生徒1人1人によって異なってしまうので，今回は調査から除外しました。

4-3 小菅の場合

　小菅は，授業は基本的には教科書にそってその内容を習得できるように進めましたが，日䑓や太田と同じように，文法項目によっては，その習得のために教科書以外の語彙や表現をハンドアウトで与えて，いろいろな活動を行いました。また，2年生においては，*Talk and Talk*（Book 2 正進社）という補助教材を使用しました。これは小菅にとっては大変使いやすく，授業の内容を膨らませるものとして役に立ちましたので，何ページかをオリジナルのハンドアウトに代えて使用しました。そのため，ここでは，それをハンドアウトの一部として考え，小菅オリジナルのハンドアウトの語彙と合わせてコンピュータに入力し，教科書のときと同じように調べてみました。結果は以下の通りです。

表6　小菅が使ったハンドアウトと*Talk and Talk*（一部）の異なり語数と総語数

	全体	1年生で使用したハンドアウト	2年生で使用したハンドアウト
異なり語数	1,211	605	847
総語数	4,150	1,818	2,332
総語数に対する異なり語数の割合(%)	29.18	33.28	36.32

　小菅のハンドアウトは2年生までで，日䑓のは2年生からしかないのですが，私たち3人が使用したハンドアウトに出てきた語彙数をグラフ（図1）にし比較してみましょう。

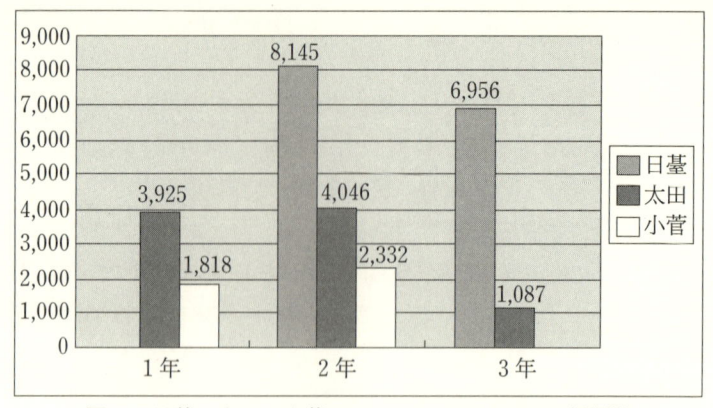

図1　日臺，太田，小菅のハンドアウトにおける総語数

　総語数で見ると，日臺の input が圧倒的に多いのがわかります。逆に小菅がハンドアウトで与えた語彙は最も少なく，中間の太田と比べても半分ほどのように思われます。しかし，異なり語数でグラフを作ってみると図2のようになり，総語数ほどの差がないことがわかります。

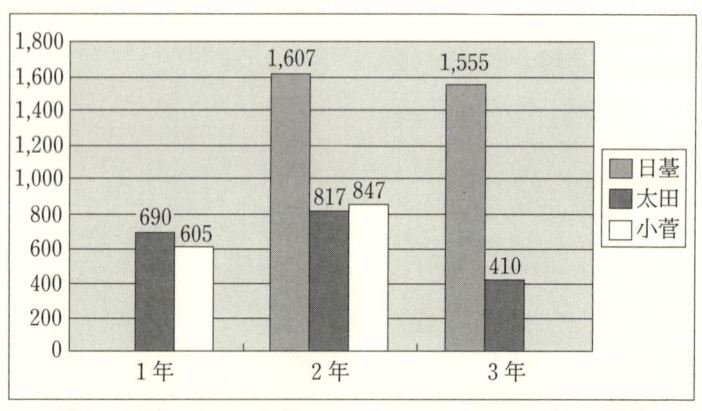

図2　日臺，太田，小菅のハンドアウトにおける異なり語数

このことは、ハンドアウトによって与えた異なった語の数にはあまり違いはないということになります。詳しくは、実際に太田と小菅がinputした語の重なり具合を比べてみなければなりませんが、この異なり語数と総語数の数字の差は、それぞれのハンドアウトの特性からくるものと考えられます。太田の場合は、先のハンドアウトの例に見るように、文単位で書かれたものが多いのですが、小菅は、次頁の例に見るように、単語レベルで語彙を示したものが多いからではないかと思われます。

　それにしても、異なり語数で見ても日臺のinputはダントツに多いですね。日臺はほとんど毎回の授業でハンドアウトを配っていましたから、絶対量が違うということになると思います。教師が与える語彙に差が出るというのはちょっとこわい話でもあります。

　また、教科書と同様に、2年生で与えられたハンドアウトの語彙の中には、当然1年生のハンドアウトで与えられた語彙が含まれます。1年生でも2年生でも与えられた共通の語彙は180語ありました。したがって、2年生でハンドアウトから新たにinputされた語彙は667語ということになります。2年生になって与えた語彙がずいぶん多かったということです。

5　教科書とハンドアウトとの関係

　次に、教科書の語彙とハンドアウトの語彙との関係を見てみましょう。3人ともハンドアウトからかなりの語彙を与えていることがわかりましたが、当然それは教科書と重なっているものもあるわけです。ハンドアウトだけから与えた語彙はどのくらい実際にはあったのでしょうか。日臺については1年生のときのハンドアウトのことがわかりませんので、太田と小菅で教科書の語彙と

Can you ~?

make *tempura*	swim 100 meters	say the 7 days of the week in English	ski	use a computer
ride a unicycle	play the guitar	cook *miso* soup	touch your toes	skate
play *shogi*	say the 12 days of the months in English	Bingo	write *Doraemon* in Japanese	rollerblade
dance	make a cake	jump high	play the piano	whistle
speak Chinese	run fast	ride a horse	draw a picture of Mickey Mouse	play golf

小菅が使ったハンドアウトの例

ハンドアウトの語彙との関係を見てみたいと思います。表7を見てください。

表7 太田と小菅が教科書で与えた語数とハンドアウトからだけ与えた語数

	教科書の総異なり語数	1年生でハンドアウトからだけ与えた語数	2年生でハンドアウトからだけ与えた語数	3年生でハンドアウトからだけ与えた語数	ハンドアウトの教科書に対する割合
太田(1～3年)	1,281語	230語	310語	99語	50%
小菅(1，2年)	1,095語	257語	386語		59%

　太田の資料は3年間で、小菅のは2年間ですからちょっとわかりにくいかもしれませんが、どちらも、教科書以外の語彙をハンドアウトから与えていて、その総異なり語数は、教科書全体の異なり語数に対して、太田では50%、小菅では59%にもなっています。つまり、教科書に出て来る語彙以外に、その半分ぐらいの語彙を別に与えているということです。これは、かなり大変な数です。これだけ語彙を拡充していることになります。生徒が本当に言いたいいろいろなことを表すのに必要な語彙を与えていくと、このような数字となって出て来るのだと思います。おきまりの「附属だから。」と言われてしまいそうなのですが、当然、教科書も含めて、それらの語彙をすべて強制的に覚えさせたのではありません。前に述べた歩留まりということを思い出していただければと思います。

　では、もう少し、この教科書の半分ほどの拡充語彙について、太田の例で見てみましょう。各学年ごとさらに詳しく見ていくと、以下のことがわかります。

教科書 Book 1 には出てはいないものの，1 年生で使ったハンドアウトで扱った語彙が230語ありました。その内，160語が名詞で，33語が動詞，25語が形容詞でした。

　この230語のうち，5 回以上出てきたものは，繰り返しの多い歌 *We Wish A Merry Christmas* での語が多く，それ以外で名詞を除いた語は次の通りでした（（　　）内は出現した回数)。

　　usually(11)／sometimes(10)／who(8)／drink(6)／talk(6)／bad(6)／take(6)／buy(5)

　意外に少ないものです。ハンドアウトは当然，授業で学習すべき内容やトピックに関連しています。1 年生レベルでは，内容やトピックにより語彙もかなり片寄りが出るということがわかると思います。

　また教科書 Book 2 にはなく，2 年生で使ったハンドアウトにだけ出てきた語彙は433語で，この内，さらに教科書 Book 1 や 1 年のハンドアウトで使われた語を除くと，2 年生のハンドアウトにだけ出てきた語彙は310語になりました。この310語のうち 5 回以上出現したものは次の語でした。

　　Asuka(10)／group(8)／mistakes(7)／Ricky(7)／wasn't(7)／skating(6)／dream(6)／feel(6)／living(6)／ready(6)／give(6)／there're(5)／finish(5)

　やはり，これは 1 年生の時と同じように，少ない感じがします。トピックに応じて，やはり提示する語彙はかなり片寄るということがわかります。

　また教科書 Book 3 にはなくて，3 年生で使ったハンドアウト

に出ている語は187語で、この内、さらに教科書 Book 1, Book 2 や 1, 2 年生の時のハンドアウトで使われた語を除くと、実質的に 3 年生のハンドアウトにだけ出てきた語彙は99語になりました。

この99語のうち 5 回以上出現したものはなく、2 度以上出現したのは次の語でした。

　　Yuzu(4)／Forrest Gump(4)／Person(4)／wars(2)／recently(2)／collect(2)／idiot(2)／Manami Honjo(2)／moths(2)／mountain(2)／task(2)／title(2)

これらの語彙のほとんどが Book Report の書き方の見本として 4 月に作った *Forrest Gump* の Book Report からの語彙でした。

3 年生になると逆にずいぶん与えた語彙が少なくなります。理由は、前に述べた通り、生徒たちの手持ちの語彙がある程度増えたので、太田の 3 年生の授業ではその手持ちの語彙を使う機会を与えることに主眼が置かれたためです。また、extensive reading などで生徒が行った個別学習によって input された語彙は入っていません。1, 2 年生までは、どうしても教師が生徒に意図的に学習の助けになるように語彙を与える必要がありますが、3 年生になり英語の基礎的な運用力がついてくると、後は生徒が個々の学習に応じて語彙を増やしていく可能性が出て来るということが言えると思います。問題は、本当に個々に応じた学習の場を教師がうまく提供できているかということになりますが、この問題については、別の機会に述べたいと思います。

6 『基礎英語』からのinput

　はじめにもお話ししましたが、本校の英語科では、学年を問わず『基礎英語』を聞き続けることを生徒に勧めています。授業でその内容を直接扱うことはありませんが、毎月聴取記録をつけてもらい、よく努力しているものについては、成績にも加味する場合もあります。聴取記録は自己申告ですから、100％信用することはできませんが、1年生においては8割近くの生徒が1年間聞き続けていると思われます。2年生になるとこの数字は下がりますが、それでも5割程度の生徒は1年間聞き続けています。これを授業で扱う教科書やハンドアウトといっしょに考えることは問題があるかもしれませんが、全く無視することもできません。そこで、ここではとにかく『基礎英語』からはどのくらいの語彙をinputすることが可能であるかを調べてみたいと思います。分析の方法は教科書やハンドアウトと同じです。ただし、生徒が在籍した年度によって、当然『基礎英語』の内容も異なっていますので、同じ『基礎英語』でも結果が異なってくることを念頭に置いておいてください。また、『基礎英語』は学年に応じて①から③まであり、ほとんどの生徒は1年生の時には『基礎英語①』を聞いていましたが、中には『基礎英語①②③』と毎回すべて通して聞いている生徒もいました。しかし、ここではそこまで考慮せず分析することをお断りしておきます。

6-1　『基礎英語』の語彙数

　まず、私たち3人の教えた生徒がいつの放送を聞いたか、そのときの担当講師は誰であったかを確認しておきましょう。それぞれ、表8～表10の通りとなります。

表8　日暮の生徒が聞いた『基礎英語』

学年	番組	放送年度	担当講師
1年生	基礎英語①	1995年度	小菅敦子
2年生	基礎英語②	1996年度	見上　晃
3年生	基礎英語③	1997年度	早坂　信

表9　太田の生徒が聞いた『基礎英語』

学年	番組	放送年度	担当講師
1年生	基礎英語①	1997年度	アレン玉井光江
2年生	基礎英語②	1998年度	高木裕迅
3年生	基礎英語③	1999年度	佐藤久美子

表10　小菅の生徒が聞いた『基礎英語』

学年	番組	放送年度	担当講師
1年生	基礎英語①	1999年度	木村松雄
2年生	基礎英語②	2000年度	松原一宣

　これらの放送で使用されたテキストの中の，毎回示される本文にあたる部分をコンピュータに入力し分析をしました。結果は以下の通りです。

表11　日暮の生徒が聞いた『基礎英語』の異なり語数と総語数

	全体	基礎英語①	基礎英語②	基礎英語③
異なり語数	2,971	1,099	1,479	1,593
総語数	30,686	9,273	10,043	11,370
総語数に対する異なり語数の割合(%)	9.68	11.85	14.73	14.01

表12 太田の生徒が聞いた『基礎英語』の異なり語数と総語数

	全体	基礎英語①	基礎英語②	基礎英語③
異なり語数	2,984	902	1,426	2,069
総語数	32,737	6,816	8,968	16,953
総語数に対する異なり語数の割合(%)	9.12	13.25	15.90	12.20

表13 小菅の生徒が聞いた『基礎英語』の異なり語数と総語数

	全体	基礎英語①	基礎英語②
異なり語数	1,964	1,139	1,345
総語数	14,788	6,935	7,853
総語数に対する異なり語数の割合(%)	13.28	16.42	17.13

　数字が今までとはけた違いです。もう少し，イメージしやすくするために，太田のデータをもとに，今までお話してきた教科書やハンドアウトと比べたグラフを作成してみましょう。

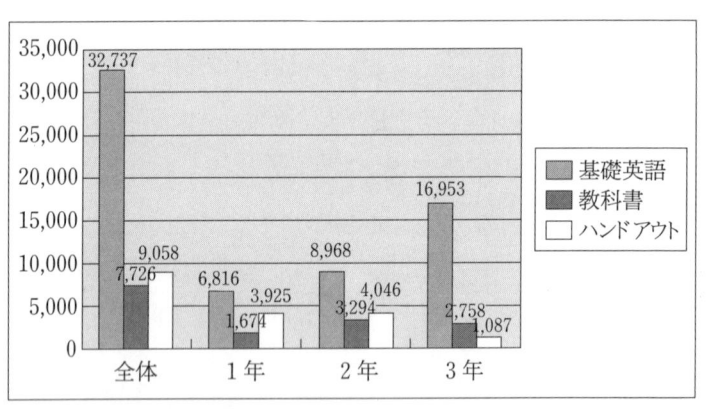

図3 太田が『基礎英語』，教科書，ハンドアウトから与えた総語数

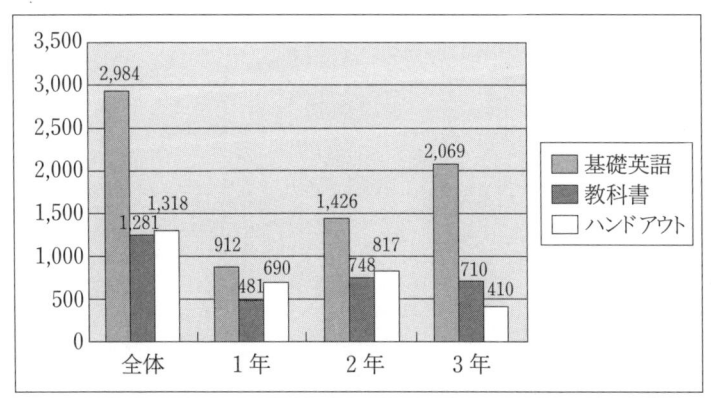

図4 太田が『基礎英語』, 教科書, ハンドアウトから与えた語彙の異なり語数

　教科書やハンドアウトで与えた総語数に比べると, 『基礎英語』3年間での総語数は本当にすごい数字です。総語数に対する異なり語数の割合も9.12%です。教科書が16.58%, ハンドアウトが14.55%ですから, かなり低い数字です。つまり, 『基礎英語』では, 同じ語彙が何回も生徒に提示される機会が, 教科書やハンドアウトより多いということになります。これは, ありがたいことです。これだけinputされたら, 生徒の力がついていくような気がします。これらは中学生を対象に作られた番組です。いきなりAFNを聞きなさいと言うこととは違って, 授業以外の手軽なinputであることは間違いないと思います。しかも, 『基礎英語』の一番の特徴は, 学校ではなく家庭の学習として聞けるということでしょう。学校での限られた時間数を補うものとしては大変有効なものだと思います。

　さて, 異なり語で見ていくと, この『基礎英語』の語彙と今までお話して来た教科書やハンドアウトの語彙とは, 多分, 重なっている部分もあると思うのですが, どのくらい重なっているので

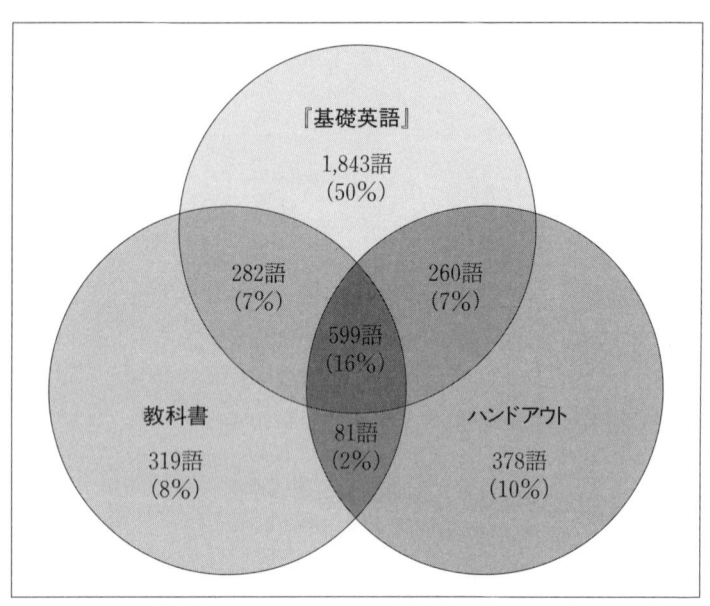

図5 太田が教科書，ハンドアウト，『基礎英語』から与えた語彙の重なり具合

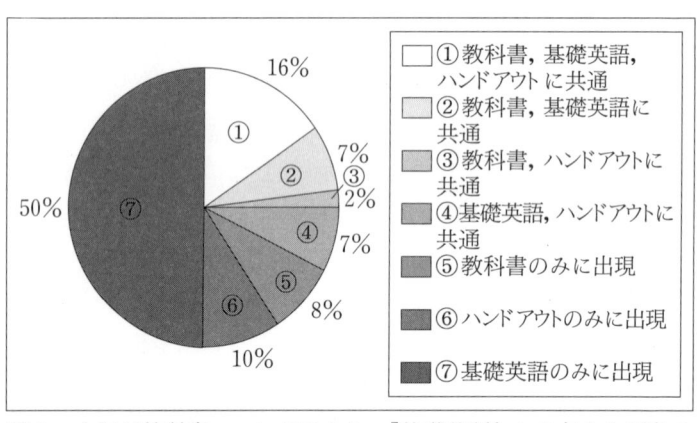

図6 太田が教科書，ハンドアウト，『基礎英語』から与えた語彙の重なり具合

しょうか。続けて，太田のデータで見ていくと，図5のようになります。

この割合をもう少し実感するために，円グラフで描いてみると図6のようになります。

全部に共通しているものは16％しかありません。それに対し，『基礎英語』だけに出現するものは50％にものぼります。やはり多いです。しかし，教科書のみに出現するものが8％もあり，『基礎英語』がすべてをカバーしていないこともわかります。また，ハンドアウトだけから与えられる語彙も10％もあるのです。やはり無視できないものです。語彙はトピックによってかなり偏りが出てきますから，本当は，トピックに関係なく使われる語彙を比べる必要もあり，この数字だけから判断することは危険なことかもしれません。しかし，このように数字を見てみると，3年間，『基礎英語』を継続的に聴取してきている生徒は，教科書とハンドアウトだけから学んだ生徒と比べると3年間で1,843語多く触れることになります。これは相当な input になるわけです。だからこそ『基礎英語』の聴取を生徒に勧めているわけですが，実際3年間聞き続けられる生徒は，残念ながら本校では全体の2，3割に過ぎません。しかし，この生徒たちの力には計り知れないものがあります。「聞き続けられること」それ自体が実は英語の力なのかもしれませんが，社会で活躍している英語に堪能な人達の中に，「『基礎英語』を聞いていました」と言う人がかなりいらっしゃるのも事実です。中学生への英語の exposure を考えたときには，最も手軽で有益なメディアであることは数字を見ると明らかです。生徒が3年間聞き続けられるような環境を作ることが大切かもしれません。

7 生徒に input した異なり総語数

　ここまで，日暮，太田，小菅が input した語数について述べてきましたが，いかがでしたでしょうか。記憶を新たにするために太田の場合を例に input した数字をもう1度見てみましょう。

表14　太田が教科書，ハンドアウト，『基礎英語』から与えた語彙の異なり語数（重なっている語彙を含む）

	3年間	中1	中2	中3
教科書	1,281	481	748	710
ハンドアウト	1,318	690	817	410
『基礎英語』	2,984	902	1,426	2,069

　全体としてはかなりの語数です。附属だから与える語彙が多いかもしれませんが，忘れてはならないことは，input する語彙数の多い少ないとは無関係に，どの生徒であっても，あるいはどの学校であっても，私たちの分析結果と同じ「傾向」がでてくる可能性があるということです。分析のデータは確かに附属のものですが，そこから浮かび上がった中学生の英語力の伸び具合やつまずきのポイントには，学校間で差がないのではないかというものです。このような観点も頭のどこかに入れて私たちの研究を見ていってほしいと思います。また，語彙をたくさん input してきたことについても，私たち3人は次のような考え方をしています。つまり，語彙指導をどのように考えるかということです。input する語彙を絞り，それを絶対に覚え，使えるようにしなさいと生徒に指導していくか，それとも生徒たちが使うと考えられる頻度の高い語彙を多く input して，それらを繰り返し input することでその内に使えるようになればいいとして指導するかということ

です。当然，私たちの場合は，後者の考え方をとっています。生徒は授業で input した語彙はすぐ覚えなくてはいけないと思っていません。提示する際にもそのように言っています。また繰り返し色々な場面で提示しようとしています。生徒たちが負担に感じないようにして，さらに input する語彙が使う際に役に立つと思わせるようにすることが大切だと思っています。

また生徒たちが output した語彙を分析して，それを input する際に生かすことも大切だと思います。

この続きは output のところでお話していきたいと思いますが，皆さんも，一度は，1年間にどのくらい生徒に語彙を提示したかを見てはいかがでしょうか。私たちもやってみてびっくりしたというのが本音です。日頃の指導を別の角度から見ていただくことができること請け合いです。

8 まとめ

① 教科書から生徒に提示される語彙は，太田の扱った *New Horizon* の場合，3年間で，異なり語数1,281語，総語数では7,726語になります。

② この総語数に対する異なり語の割合は，16.58%。この中には代名詞や be 動詞の繰り返しも含まれるので，中学生の触れる英語を考えると，繰り返し使用される語彙が多いとは言えません。

③ 3人とも授業中に，教科書の異なり語数にせまる，またはそれ以上の語彙をハンドアウトによって与えています。これは生徒への大きな input になっています。

④ 『基礎英語』からの語彙の input はさらに大きく，中学生にとって英語に触れる有効な機会となっています。

3 生徒が習得した語彙
——output からみる

1 はじめに

　第2章では，生徒にどのくらいの語彙を与えてきたのかについて述べました。しかし，これらの語彙のすべてを生徒が覚えているわけではありません。では，どれくらい覚えているのでしょうか。

　生徒1人1人が input された語彙を自分自身の記憶の中に取り込んで，実際に言語を使用する場面で駆使することができるようなっている状態を，intake と私たちは呼んでいます。よく，input に対して output と言いますが，intake と output はイコールではありません。intake されたものの中から，場面に応じて，必要な語彙を使って output していくわけです。実際，生徒が input された語彙をどのくらい intake したかは，生徒の頭の中で起こっていることなので，直接には観察不可能です。発話や作文など外に現れたもの，つまり output を見て推測するのが主な方法になります。

　ということで，調査のために，ここでは2つの方法を取りました。1つは，生徒の output を色々な方法で調べるという方法です。output とは授業で行うスピーキングやライティングの色々なタスクのことです。具体的にはスピーチ，chat や作文などで

す。少なくとも，productionの段階でoutputされた語彙は，intakeされていると考えて，これらのoutputを調べることにより，どんな語彙がintakeされたかを見てみたいと言うことです。outputに出てくる語彙は，はたしてどこからinputされた語彙なのでしょうか。『基礎英語』だけからinputされた語彙はoutputに出てくるのでしょうか。

しかし，outputを調べても，たまたま外に出たものしかわかりません。intakeはされていても，たまたま使われない部分についてはわかりません。

そこで，2つ目の方法として，生徒にintakeされた語彙をテストで実際に測ってみようという方法です。この方法により，outputには出てこなかったintakeの部分が明らかになるのではないでしょうか。詳しい結果を順次みてゆくことにします。

2 Inputされた語彙とスピーチでoutputされた語彙

私たちの学校では，今まで，入学年度を問わず，中学2年生と中学3年生を対象に2学期の9月にスピーチコンテストを行ってきました。生徒はスクリプトを事前に準備し，スピーチコンテストに備えます。今まで学習してきたことがどれだけ身についたか，スピーチコンテストで試されます。

このセクションでは，1995年入学の生徒について，教科書 (*One World English Course*)，ハンドアウト，そして『基礎英語』でinputされた語彙とスピーチコンテストのために生徒が事前に準備した原稿で使われた語彙とを比較してみたいと思います。

2-1 スピーチの指導過程

1996年度の中学2年生，1年後の1997年度の中学3年生に対して，以下のようにスピーチの指導を行いました。

① 夏休みの課題として8日分の英文日記をつけるように指示しました。(日記をつけることが後のスピーチ原稿作成の情報収集作業となります。)
② 日頃の興味のある事柄や日記の話題を材料にスピーチのテーマを決めます。
③ *New Crown English Series 2* の Speech —— 'My Dream' をモデルにしてパラグラフ構成，topic sentences や support sentences について学習した後，各自でスピーチ原稿を作成します (first draft)。
④ スピーチ原稿を日頃の英語の授業のときに組むペアと交換し，文法の間違いや内容について互いに添削しあいます。
⑤ 生徒は second draft を書き，教師に提出します。
⑥ ALTと日本人教師とでスピーチ原稿を添削し，返却します。(この添削済みのスクリプトをコンピュータに入力し調査の資料としました。)
⑦ 最後にスピーチコンテストを行います。

2-2 2年生と3年生のスピーチに現れた語彙サイズ

中学2年生151名分と中学3年生159名分のスピーチ原稿をすべてコンピュータに入力し，異なり語数，総語数と総語数に占める異なり語数の割合を調べると，表1のようになりました。

総語数で見ると，3年生の方が2年生のときより，明らかにた

表1 2年生と3年生のスピーチ原稿の語彙サイズ

	全体	中学2年生のスピーチ原稿	中学3年生のスピーチ原稿
異なり語数	4,824	2,974	3,401
総語数	58,809	26,577	32,232
総語数に対する異なり語数の割合(%)	8.20	11.19	10.55

くさん書いていることがわかります。異なり語数も当然多くなっています。しかし，総語数に対する異なり語数の割合は3年生の方がむしろ下がっています。一般的には，割合が上がった方が，いろいろな語彙を使えるようになったと考えるのですが，この場合，総語数もかなり増えていますので，結果として割合は上がらなかったのではないかと考えられます。いろいろな語彙を使えるのも大切ですが，量を多く書くことができるようになるのも大きな進歩と考えられます。

2-3 2年生のスピーチ

2.3.1 教科書から input された語彙と output された語彙（総数）

では，教科書で input された語彙が実際のスピーチコンテストではどのくらい output されるのでしょうか。

2年生のスピーチコンテストまでに学習した教科書（*One World English Course*）の語彙（Book 1 と Book 2 の Lesson 4, Section 4 まで）と2年生のスピーチコンテストで実際に使用された語彙を比較してみました。結果は表2の通りです。

表2 教科書からの input と 2 年生のスピーチで output された語彙（異なり語数と総語数）

	スピーチコンテストまでに出現する教科書の語彙	2 年生のスピーチコンテストで使用された語彙
異なり語数	753	2,950
総語数	5,317	26,575
総語数に対する異なり語数の割合（%）	14.16	11.10

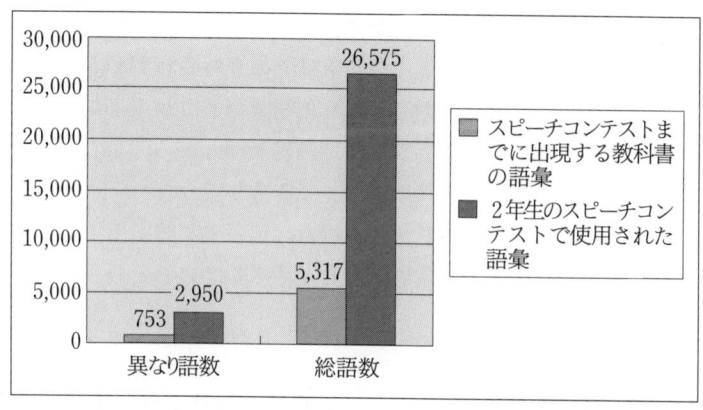

図1 教科書で input した語彙と 2 年生のスピーチで output された語彙（異なり語数と総語数）

　異なり語数で見ると，生徒は教科書では学習しなかった語彙をずいぶんスピーチで使っていることがわかります。これを図にするともっと比較しやすくなると思います（図1）。

　スピーチコンテストで使用された総語数は生徒が書いた原稿に出てくる語彙の合計ですから，したがって，教科書の総語数と直

接比較してもあまり意味がありません。また，150名を越える生徒のスピーチ原稿の総数ですから，input したスピーチの数が増えれば増えるほど総語数は増すことになります。

そこでここでは，異なり語について，もう少し考えてみたいと思います。

実際にスピーチで output された語のうち教科書で input したのは553語ありました。つまり，スピーチで output された2,950語のうち，553語が教科書で input された語ということです。

これはアウトプットされた2,950語のうち18.7%が教科書によって input された語で占められていることになります。何か少ない感じがしませんか。生徒がスピーチで言いたいことを本当に表そうとすると，教科書からの語彙はそのうちのわずか5分の1にもならないわけです。でも，残りの語彙がどこから来たのかが問題です。当然，ハンドアウトや『基礎英語』からの input が予想されます。そのことはこの後で見てみましょう。

いずれにせよ，スピーチを行う場合，学習者が教科書以外のところからかなりの量の語彙を選択し，活用しているということだけはわかりました。

2.3.2 教科書から input された語彙と output された語彙（ケーススタディ）

今までは生徒全体のスピーチの語彙と教科書の語彙を比較しましたが，今度は，具体的な生徒に焦点をあてて，スピーチの中で使用した語彙とスピーチコンテストまでに学習した教科書の語彙を調べてみたいと思います。具体的な生徒のスピーチを取り上げるにあたって，2つのタイプの生徒について考えてみたいと思います。

［タイプ１］このタイプの生徒は，２年生と３年生のときのスピーチコンテストでクラスの代表者として選ばれた生徒たちで，さらに学年の英語スピーチコンテストで上位入賞を果たした生徒です。教師から見ても英語が得意で英語学習が順調に進み，それなりの成果を出してきた生徒です。S１，S２とします。

［タイプ２］このタイプの生徒は，教師から見て，どちらかといえば英語に苦手意識を持っている生徒で，何かが原因になって英語学習が思い通りに進んでいない生徒です。２年生のときも３年生のときもスピーチの原稿の総語数と異なり語数が比較的少ない生徒たちです。S３，S４とします。

２年生のとき，各生徒がスピーチを書くときに使用した異なり語とスピーチコンテストまでに教科書で学習した異なり語とを比較し，どの程度重なっているのかを調べたのが表３です。

表３　２年生のスピーチ原稿に現れた異なり語数と教科書からの語彙数

	S１	S２	S３	S４
スピーチコンテストまでに学習した教科書の異なり語数（A）	76	49	52	30
スピーチを書くときに使用した異なり語数（B）	100	80	58	51
（A）に対する（B）の割合（％）	76.00	61.25	89.66	58.82

表３から，S３では89.7％の重なり度を示し，最低の重なり度を示すS４でも58.8％という具合に過半数以上の語彙は教科書から学んだ語彙を使用していることがわかります。やはり，かなり教科書の語彙は使っていたわけです。生徒全体のスピーチでは18.7％が教科書によってインプットされる語だという事実に対し

て，抽出した生徒のスピーチでは最低でも58.8％以上が教科書によってinputされる語だという事実は意外です。原因については，3年生のスピーチについて調べてから考えてみます。

2-4　3年生のスピーチ

2.4.1　教科書からinputされた語彙とoutputされた語彙（総数）

　教科書（*One World English Course*）でinputされた語彙が実際のスピーチコンテストではどのくらいoutputされるのか，今度は3年生について調べてみます。

　3年生のスピーチコンテストまでに学習した教科書の語彙（Book 1, Book 2, Book 3のL.4, S1まで, Book 3のReading Lesson 1は未習であったので除外）と3年生のスピーチコンテストで実際に使用された語彙を比較してみました。結果は表4です。

　やはり2年生のスピーチのときと同じように，重なり度はかなり低いことがわかります。

表4　教科書からのinputと3年生のスピーチでoutputされた語彙（異なり語数と総語数）

	スピーチコンテストまでに出現する教科書の語彙	3年生のスピーチコンテストで使用された語彙
異なり語数	1,373	3,381
総語数	11,527	32,231
総語数に対する異なり語数の割合（％）	11.91	10.49

表4を異なり語数と総語数に着目し，比較すると図2のようになります。

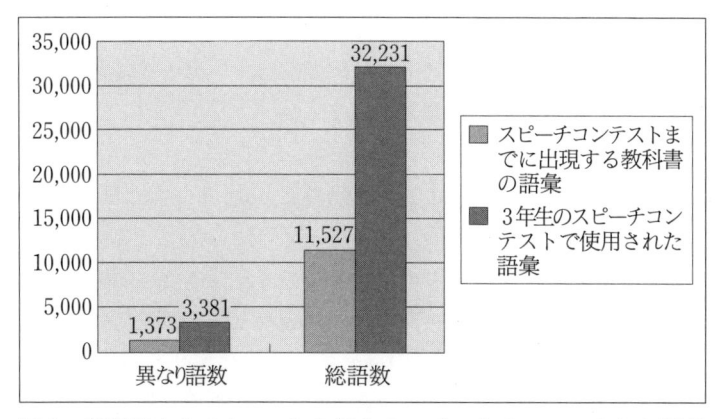

図2　教科書からのinputと3年生のスピーチでoutputされた語彙
　　　（異なり語数と総語数）

図2を見るとさらにそれが明らかになると思います。異なり語数で見ると，outputされる語がinputされる語をかなり上回っていることがわかります。

異なり語に着目すると，教科書でinputされる1,373語のうち，実際にスピーチでoutputされる語は890語ありました。つまり，スピーチでoutputされる3,381語のうち890語が教科書でinputされる語ということです。outputされる3,381語のうち26.3％が教科書によってインプットされる語で占められていることになります。3年生のスピーチでも，2年生のスピーチを行う場合と同様に，学習者が教科書以外のところからかなりの量の語彙を選択し，活用していることがわかります。

ただし，教科書からinputされた語彙とそれ以外からinputさ

れたものがスピーチのなかで同等な重みで使われているのかどうかということはこれから調べてみなければなりません。教科書の語彙はスピーチの基本的な記述の部分に使われ、それ以外のものはトピックに即して出されていることが考えられます。この点は今回の私たちのプロジェクトでは時間切れで十分に検証できていませんでした。今後の課題となります。

2.4.2 教科書から input された語彙と output された語彙（ケーススタディ）

3年生についても、個々の生徒について見てみたいと思います。2年生のときに抽出した英語学習が順調な［タイプ1］に属するS1、S2と英語学習が不振の［タイプ2］に属するS3、S4の3年生のときのスピーチの原稿の語彙をそれまでに学習した教科書の異なり語と比較して、どの程度学習した語彙が実際のスピーチで使用されているかを調べてみました。表5がその結果です。

表5　3年生のスピーチ原稿に現れた異なり語数と教科書からの語彙数

	S1	S2	S3	S4
スピーチコンテストまでに学習した教科書の異なり語数	103	85	49	61
スピーチを書くときに使用した異なり語数	130	105	56	79
スピーチコンテストまでに学習した教科書の異なり語数のスピーチを書くときに使用した異なり語数に対する割合（％）	79.23	80.09	87.50	77.21

一方、3年生全体のスピーチに現れた異なり語を調べてみると、教科書で学習した語彙はその内の26.3％を占めているということ

でしたが，抽出した生徒のスピーチでは，最低でも77.21％（S4），最高では87.50％（S3）の語彙は教科書で学習した語彙が占めていることがわかりました。教科書で学習した語彙が約8割以上を占めているわけです。この傾向は2年生のときもありました。3年生全体とケーススタディとでは，どうしてこんなに違ってしまうのでしょうか。もう少し，この個々のデータを細かく見て，その原因を探ってみましょう。

S1の生徒のスピーチには，教科書でinputされることのなかった語が27語（130－103＝27）あります。この27語のうち，14語はハンドアウトまたは『基礎英語』からinputされた語で，残り13語はそのどちらからもinputされたことのない語でした。スピーチのトピックのために学習者が調べて使用した語彙だと思われます。

S2の生徒のスピーチには，教科書でinputされることのなかった語が20語（105－85＝20）あります。この20語のうち，半分の10語はハンドアウトまたは『基礎英語』からinputされた語で，残りの10語はそのどちらからもinputされたことのない語でした。やはりスピーチのトピックのために学習者が調べて使用した語彙だと思われます。

S3の生徒のスピーチには，教科書でinputされることのなかった語が7語（56－49＝7）でした。この7語のうち，4語はハンドアウトまたは『基礎英語』からinputされた語で，残り3語はそのどちらからもinputされたことのない語でした。これもスピーチのトピックのために学習者が調べて使用した語彙だと思われます。

S4の生徒のスピーチには，教科書でinputされることのなかった語が18語（79－61＝18）あります。この18語のうち，10語はハンドアウトまたは『基礎英語』からinputされた語で，残り

8語はそのどちらからも input されたことのない語でした。スピーチのトピックのために学習者が調べて使用した語彙だと思われます。

　教科書で学習していない語彙をスピーチで使用する場合，1人1人の生徒の使用する数は少なくても，生徒全員の語彙を合計すると数がかなり増えます。しかも，1人1人の生徒が使った教科書以外の語彙は，あまり重なっていなかったということも原因になると思います。こういう理由で，生徒全体のスピーチで使われた語彙の中で，教科書で学習した語彙の占める割合が低いのではないかと思われます。これは，数字のマジックですね。したがって，全体では，生徒が教科書以外の色々な語彙をスピーチで使おうとしていたようにみえましたが，個々の生徒で見るとそんなに大きな数字ではないということです。もちろん，教科書以外の語彙を使っていることは確かですが，附属中学だからできるスピーチというイメージは取り払っていただけたらと思います。

2-5　ハンドアウトと『基礎英語』からの intake

　第2章の input のところでわかったことは，教科書以外にハンドアウトと『基礎英語』からの語彙の input がかなりあるということでした。それらの語彙は，実際にはどのくらい output されたのでしょうか。

　Ｓ1の3年生のときのスピーチ原稿を見ると，130語中14語がハンドアウトまたは『基礎英語』だけから input された語彙でした。これは130語に対して，11％にあたります。最も総語数の少なかったＳ3でも7％の語彙はハンドアウトまたは『基礎英語』からの語彙です。

　この数字を多いと考えるか，たいしたことはないと考えるかは，

教師によると思います。私たちはたいしたことはないとは考えていません。ハンドアウトと『基礎英語』の語彙には，教科書と同じものもありました。何回も同じ語彙に触れさせるということと，教科書以外の語彙を拡充するということの2つの観点を考えると，ハンドアウトと『基礎英語』から input される語彙は，生徒の intake に大きく寄与していると考えます。

3 スピーキングからみた語彙の intake

ここまではライティングにおいて生徒が output した語彙について調べてみました。今度は，スピーキングにおいて生徒が output した語彙はどのようになっているのか，それによって語彙の intake はどうなっているのかについて考えてみたいと思います。

3-1 分析に使ったデータ

私たちの学校ではスピーキングによる言語活動を，たいていテープやビデオに録音しています。今回はその中から，次の2種類を取り上げて語彙の intake について調べてみます。ここで取り上げる5人の生徒は，第2章で紹介した1997年度から99年度まで在籍した生徒で，5人とも同じような指導を受けています。

1つ目の output は，ALT と生徒と一対一で行う interview です。世田谷中学校では中学1年，2年の各学期末に interview を行っています。生徒たちは1人ずつ，ALT の待つ部屋に行きます。挨拶をした後，生徒はまず質問をして，ALT がそれに答えます。その後の流れは決まっていません。どちらの役割（質問する人，答える人）を担うかも決まっていません。その場に応じて話しているトピックについて話を続けたり，別のトピックで

ALT が質問をしたり答えたり，生徒が質問したり答えたりという会話を2〜3分間行うものです。

以下は interview の出だしの一部です。

 T（Teacher）：Good morning.
 S（Student）：Good morning, ×××.
 T：How are you today?
 S：I'm cold.
 T：Me, too. Very cold and sleepy.
 S：Oh, what did you do yesterday?
 T：Yesterday? Yesterday was Tuesday.
 S：Oh.
 T：Yesterday morning I taught English in ×××. Then I went to ××× ward office and ××× ward office.
 S：I watched TV. I watched figure skate in Tokyo.
 T：Ah, OK. Yeah.
（以下省略）

2つ目の output は生徒2人の pair work です。生徒たちはその場で話すテーマ（たとえば「先週したことについて友達と話そう。」）が教師から与えられ，それに基づいて会話を3分から5分間行うものです。この活動も会話の流れや役割が決まっていません。

以下は「音楽」についての2人の生徒（A，B）の会話の出だしの部分です。

 A：What do you want to buy now?
 B：Ah, so I want (.) I want to buy (.) buy (.) new

shoes.
A : What brand do you want to buy? A shoes?
B : (3.0) Ah, I want to buy Nike's shoes.
A : Do you like Nike?
B : Yes, of course.
A : What color do you like?
B : I like white color.
A : Really?

　分析の対象とした interview と chat のデータの録音時期と内容は以下の通りです。

⟨Data 1 (interview)⟩ 中学1年11月 ALT との interview
⟨Data 2 (pair work)⟩ 中学1年2月「先週の日曜日に何をしたのか」についての友だちとの会話
⟨Data 3 (interview)⟩ 中学1年3月 ALT との interview
⟨Data 4 (pair work)⟩ 中学2年11月「Shopping」についての友だちとの会話
⟨Data 5 (pair work)⟩ 中学2年1月「冬休みにしたこと」についての友だちとの会話
⟨Data 6 (pair work)⟩ 中学2年1月「音楽」についての友だちとの会話（その1）
⟨Data 7 (pair work)⟩ 中学2年1月「音楽」についての友だちとの会話（その2）
⟨Data 8 (interview)⟩ 中学2年3月 ALT との interview
⟨Data 9 (pair work)⟩ 中学3年5月「Golden Week にしたこと」についての友だちとの会話

3-2 分析対象の生徒たち

〈Data 1〉から〈Data 9〉について調べるために，ここでは5人の生徒を抽出しました。この5人（S 5～S 9）について少しお話をしておきます。

S 5は学年で英語の成績が上位の生徒で，授業にとてもまじめに参加する生徒でした。話す際は，いい発音をして，できるだけ多く話そうとする様子が見えました。

S 6も上位の生徒で，授業中に先生の言うことを聞き逃さないぞという表情がとても印象的でした。英語には興味を持っていて留学したいという希望を持っていました。話す活動では積極的で一方的に話すだけではなく，うまく聞き手にまわったり，友達とおしゃべりを楽しんだりしている様子でした。

S 7は中位の生徒で，授業中はその発言でクラスを盛り上げることのできるクラスの人気者でした。話す活動では，スキットやShow ＆ Tellではユーモアを入れ，友達を笑わせていました。話好きな明るい生徒でした。

S 8は下位の生徒で，英語が不得意だと感じていましたが，まじめに取り組む生徒でした。話す活動は友達に対して習った表現を使って質問したり反応したりしていました。

S 9も下位の生徒で，ふだんはお喋り好きな生徒でした。人前では英語を話すことは苦手な生徒ですが，小人数になるとよく話しました。話す活動では自分の好きな話題になると，その話題の単語を使って，いきいきと話していました。ただし，残念ながら，このS 9のData 2は残っていませんでしたので，データとしては欠けていることをご承知おきください。

この学年は，量を追求した学年でした。聞く活動では，教師の話す英語をできるだけ聞く機会を与えました。話す活動では

"Keep the conversation going." を合言葉にできるだけ会話を続ける活動をしました。読む活動では普段使っている教科書以外に，他の教科書ややさしいサイド・リーダーを読む機会を2年生から学期に1度くらい行いました。書く活動では2年生の5月から学期に1，2度コンピュータを使って100語から200語を目指して書く活動を行いました。

3-3 スピーキングで使用された語彙数の変化

まず，それぞれのデータでどのくらいの語彙が使われたのかを見てみたいと思います。そして，その変化にも注目してみたいと思います。

ここでの資料は5人の生徒1人1人について，中学1年の11月から中学3年の5月まで合計9回分のものとなります。したがって，ライティングの時の資料と違って，1人の生徒の1年から3年までの発話の変化を知ることができます。

ライティングの output と違ってスピーキングの場合には音しか残っていませんから，ライティングの分析と同じようにするために，まず，この音声を文字化しました。何回もこれらの発話のデータが入ったテープを聞いて，1語ずつコンピュータに入力しました。これはかなり大変な作業です。でも，そうすることによって，1度聞いただけではわからない色々なことが見えてきます。調査研究とまでいかなくても，是非一度トライしてみてください。そして，これを語彙の分析ソフトにかけて調べてみました。

3.3.1 異なり語数と総語数の変化

まずは5人の生徒が使っている総語彙を Data 別に異なり語数と総語数とその割合について見てみましょう。表6が5人の合計

表6　5人の発話の異なり語数と総語数

	Data1	Data2	Data3	Data4	Data5	Data6	Data7	Data8	Data9
異なり語数	119	167	118	118	231	159	173	218	233
総語数	371	751	388	633	818	544	545	623	831
総語数に対する異なり語数の割合（％）	32.08	22.24	30.41	21.80	28.24	29.13	31.74	34.99	28.04

値です。

　生徒たちは2，3分で一番少なくても400語近い語を話してしまいます。しかも，一番少なくても100語ぐらい，多いときには200語を越す異なった語彙で話しているわけです。中学生の発話が実は1分間にどれくらいの語彙で行われるかということは，あまり知られていません。多分，そのようなことについては現場ではあまり関心がないかもしれませんが，これは1つの貴重なデータだと思います。さらに，これをグラフで見てみるとその変化の様子がわかると思います（図3・4）。

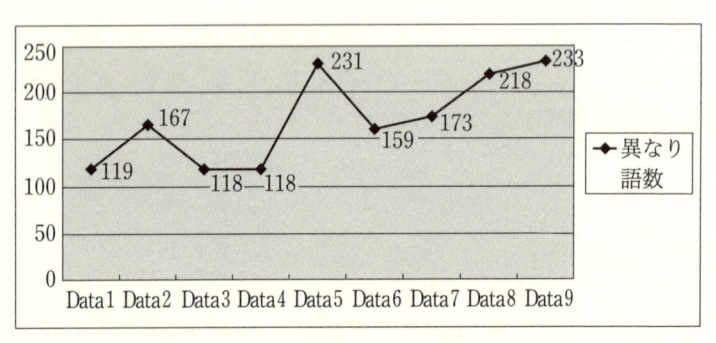

図3　5人の発話の異なり語数の変化

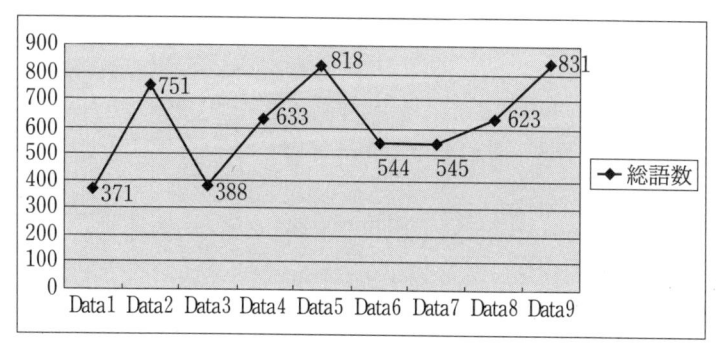

図4　5人の発話の総語数の変化

　異なり語と総語数の変化を見ていくと，Data 2, 5 を除けば，でこぼこはありますが少しずつ増えていると言えるのではないでしょうか。

　Data 2 は「先週の日曜日にあったこと」，Data 5 は「冬休みにあったこと」について話す pair work です。過去にあったことを話す場合は，したこと，あったことを話すので，割合話しやすいので，結果として総語数がここだけ上がったと考えることができます。

　中学段階は教科書で毎レッスン，新出語彙が出てくるので，生徒たちはいつも新しい語彙を習うことになっています。したがって総語数は上がっていくと考えられます。

　つまり，学習した語彙を発話の中で使って総語数が増えたということは，1年生の時よりは，3年生の時の方が発話の能力が伸びているというふうに考えることもできます。3年生の方が伸びるに決まっていると言う方もいるかもしれませんが，実際，何がどれくらい伸びるかを調べて見るもの本当は必要なのだという気がします。

　総語数に対する異なり語数の割合で見ると（図5），1年から

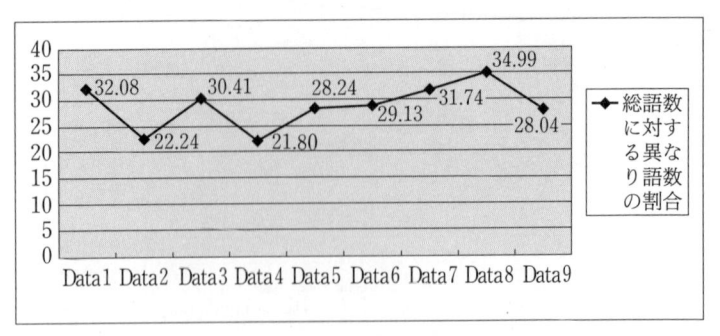

図5　5人の発話の総語数に対する異なり語数の割合の変化

3年までの伸びがあまりはっきりわかりません。これは，スピーチのintakeでもお話しましたが，学年が進むにつれて，新しい語彙を習っていくのですが，その分発話の総語数も増えるので割合の変化が右上がりにはならないのだと思います。特に，最後のData 9ではData 1より低い割合になっています。これはまさにそのことを表していると思います。

　もう少し図の3をよく見てみましょう。図3は異なり語の変化を表したものですが，Data 1～4より，5～9の方が伸びているのがわかります。ではいったいどのような語彙が新たに使われるようになったのでしょうか。

　そこでData 1～4では使用されず，Data 5～9でのみ使用された語彙のうち頻度が高かった（6回以上使用された）語彙を調べてみました。

　以下がその語彙です（(　　)内の数は使用頻度の回数）。

　he(15)／favorite(10)／Yuzu(10)／his(10)／TM(10)／CDs(9)／with(9)／Revolution(8)／L'Arc-en-Ciel(8)／pop(8)／baseball(7)／days(7)／dog(7)／cat

（7）／vacation（7）／*otoshidama*（7）／them（7）／there（7）／*dango*（6）／cool（6）／Ichiro（6）／Hakone（6）／grandmother（6）／took（6）／three（6）／karaoke（6）／talk（6）

　Data 5～9 の話されたトピックの内，Data 6, 7 は音楽なので，音楽に関連した語彙，特にグループ名の使用が目立ちます。また Data 5 は冬休みのこと，Data 9 は Golden Week のことがトピックなのでそれに関連した語彙の使用もあります。

　この中で，Yuzu, TM Revolution, L'Arc-en-Ciel, *otoshidama*, *dango*, Ichiro, Hakone, karaoke などは英語の語彙としてカウントするのは適切だとは思われません。特に *otoshidama, dango*, Ichiro, Hakone などは日本語と見なした方が普通でしょう。

　これらの語彙を除くと，語彙使用に特徴が現れます。それは以下に示す代名詞，動詞，形容詞の使用です。

　　he(15)／favorite(10)／his(10)／with（9）／them（7）／there（7）／cool（6）／took（6）／talk（6）

　このことを皆さんはどうお考えになりますか。1 つには「代名詞，動詞，形容詞の使用の幅が出てきた」と考えることができます。そして，その使用の幅が結果として，語彙の使用の幅を広げることになっているのではないでしょうか。

　次に Data 5～9 で使用されず，Data 1～4 で使用された語彙のうち頻度が高かった（4 回以上使用された）語彙を調べてみました。以下がその語彙です（（　　）内の数は使用頻度の回数）。

　　sleepy（8）／secret（6）／Christmas（6）／color（6）／

Namie(5)／shirt(5)／Princess(5)／parents(5)／
basketball(5)／Asayan(5)／white(4)／park(4)／
Jugaoka(4)／Converse(4)／Adidas(4)／Komazawa
(4)／Tokugawa(4)／Yoshinobu(4)／sweater(4)／
brand(4)／Tokumei Research(4)

この使用語彙から読み取れることは，ほとんどの語彙が話すトピックに関連した名詞であることです。たとえばData 1〜4の話されたトピックの内，Data 4はShoppingなので，以下に示すようにShoppingに関連した語彙の使用が目立ちます。

Christmas(6)／color(6)／shirt(5)／parents(5)／
white(4)／Converse(4)／Adidas(4)／sweater(4)／
brand(4)

また以下のように音楽のグループ名，テレビ番組名，地名等の固有名詞も使用しています。

Namie(5)／Princess(5)／Asayan(5)／Jugaoka(4)／
Komazawa park(4)／Tokugawa Yoshinobu(4)／Tokumei Research(4)

これらの4回以上使用された語彙から固有名詞を引くと，一般的な語彙は残らないのです。Data 4までとData 5以降では大きな違いがあることになります。Data 4は中学2年の11月，Data 5は中学2年の1月です。このことで，皆さんは何か感じられることはありませんか。このことについては，もう少しデータを見てからお話したいと思います。

3.3.2 動詞の使用にみられる変化

これまでに触れたように，Data 1～4 と Data 5～9 の間には，異なり語数で伸びがあることがデータから見えてきました。それではそのうち動詞の使用にはどのような変化があったでしょうか。

表 7　Data 1～4 と Data 5～9 それぞれの期間で 3 回以上使われた動詞（数字は使われた回数）

Data 1～4

is	54
like	38
buy	34
want	27
are	27
do	17
have	17
am	17
know	16
watched	13
went	11
play	7
played	6
studied	6
watch	4
go	3
get	3
listen	3
was	3

Data 5～9

is	101
like	99
know	33
was	32
have	23
are	22
think	21
go	14
went	13
play	12
am	11
want	10
do	9
watch	7
buy	6
talk	6
took	6
forgot	5
listen	5

played	5
study	5
watched	5
got	4
see	4
win	4
bought	3
get	3
had	3
sang	3
sing	3
won	3

表7は，Data 1〜4 と Data 5〜9 それぞれの期間での3回以上使われた動詞のリストです。

次に2つの期間での動詞の使われ方を比べてみました（表8）。

表8 Data 1〜4，Data 5〜9の動詞の使われ方の比較

	Data 1〜4	Data 5〜9
異なり語数	30	60
過去形	8	24
3人称単数現在	0	6

まず表7の3回以上使われた語彙リストと表8の異なり語数を見ていただくと，使われた語彙の数が2倍違うことがわかります。量の点で，生徒たちが色々な動詞を使うようになってきたことがわかります。

さらに表8からは2つの特徴的なことがわかります。1つは使われた過去形の種類が3倍に増えたことです。Data 5, Data 9で過去のことを話したので，この結果になったのではないかと思われますが，それにしても3倍の違いは大きいものです。

2つ目は Data 1〜4 ではなかったのに，Data 5〜9 は3人称単数現在で動詞を使うようになったことです。以下がその発話の例です。

S9：Mr. ××× *has* dog. (Data 8)
S9：Mr. ××× *has* pretty cat. (Data 8)
S6：Dog. It *looks* like, but it looks like, (Data 5)
S9：Yes, he *looks* like 22 years old. (Data 7)
S8：So my father *likes* baseball. (Data 8)
S5：Kuzu *means* trash in English. (Data 8)

S 5 : He *plays* in Under U game. (Data 9)
S 6 : What song he *sings*? (Data 7)

　全部で6種類です。1つの動詞で使われた回数は2回か1回という少ないものですが，S7以外は使っていました。上位者のS5，S6だけが使ったのではないところが特徴的です。

　以上のように動詞の使用という点から見てみると，使用の量と質に伸びがあるということがわかりました。ずっと生徒は英語の学習を続けているのだから当然と思われる方も多いとは思いますが，実際にデータを細かく見て，私たちもはじめて確認した数字です。

　特に注目したいのは，Data 1～4, Data 5～9 という2つの期間です。Data 4 と Data 5 の切れ目は，中学2年の2学期と3学期なのです。みなさんも，このあたりの時期については何か感じることはありませんか。

　つまり，中学1年の入門期からこの中学2年の2学期の終りぐらいまでで，英語の文法体系が生徒にできあがるのではないかという教師の勘です。もちろん関係代名詞とか分詞の後置修飾とか，文法項目としてはまだまだ学習すべきことはあるのですが，「主語＋動詞」という大きな文の構造を生徒が感覚的につかむ時期ではないかなということです。そして一度この感覚が身につくと，今まで学習して来た事柄を自由に操作して output していくことができるのではないかというイメージです。そうすると，語彙の習得の量も増えるし，表現力の幅も広がると考えられます。

3. 3. 3　intake された語彙と input との関係

　さきの分析で明らかになった Data 1～4 で使用されず，Data 5～9 で使用された語彙のうち，頻度が高かった（6回以上使用

された）語彙はどのように input されたのでしょうか。第2章でお話したように，この5人の生徒たちへの input は教科書，ハンドアウト，そして『基礎英語』からです。これらの語彙がどのソースからの input なのかを調べてみました。

表9　Data 5〜9 でよく使われた語彙の input のソース

		T	H	K			T	H	K
1	he	1	1	1	14	vacation	2	2	1
2	favorite		1	1	15	*otoshidama*		2	
3	Yuzu		3		16	them	2	1	1
4	his	1	1	1	17	there	1	1	1
5	TM Revolution				18	*dango*			
6	CD		1	1	19	cool			1
7	with	1	1	1	20	Ichiro	1		
8	L'An-Ciel				21	Hakone			
9	pop		3		22	grandmother	3	1	1
10	baseball		1	2	23	took	2	1	2
11	days	1	1	1	24	three	1	1	1
12	dog	1	1	1	25	karaoke	2	2	2
13	cat	1	1	1	26	talk	2	1	1

＊ T は教科書，H はハンドアウト，K は『基礎英語』を示す。
＊ T，H，K 欄の数字は初めてその語彙を input した学年を表す。
　（例：T 欄の「1」は1年の，「2」は2年生の教科書に出てきたことを示す。）

　この表9から次のことが読み取れます。生徒が intake した語彙のうち，教科書からは58％，ハンドアウトからは77％，『基礎

英語』からは69%input されていました。やはり、ハンドアウトと『基礎英語』からの input は生徒の output に大きく影響していると言えそうです。逆に言うと、しっかり intake されているということです。

　また教科書、ハンドアウト、『基礎英語』のどれからも与えられていなかった語彙は4語で、そのうち3語が固有名詞、1語が日本語でした。教科書とハンドアウトと『基礎英語』でほとんどカバーされていたわけです。これには、渡したハンドアウトにも理由があります。

　このハンドアウトは教科書には出てこないけれども、生徒たちが使いたいと思っていると考えられる語彙や、実際に生徒たちから "Mr. Ota, how do you say ～ in English?" と質問があった語彙、つまり生徒たちが使いたいと思った語彙を載せたり、また生徒たちの実際の発話を見本として載せたので、生徒たちにとってはハンドアウトに出ている語彙は intake しやすかったと考えられます。

　日髙が教えた生徒たちの作文での output には、もう少しこの3つのソース以外から生徒が取り入れた語彙がありましたが、この違いは output するまでにかけられる時間に関係してくると思われます。ライティングの場合には生徒が辞書を引くなり人に聞くなり、色々なソースから語彙を選ぶ時間がありますが、スピーキングとなるとそのような時間はありません。すでに intake されたものの中から output していくことになります。その意味でも、太田が準備したハンドアウトは生徒の output に大いに役に立っていたということができると思います。

　次に Data 5〜9 で3回以上使われた動詞は、教科書、ハンドアウト、『基礎英語』のどのソースからの input なのかを調べてみました（表10）。

表10 Data 5〜9 で3回以上使われた動詞の input のソース

		T	H	K			T	H	K
1	is	1	1	1	17	took	2	1	2
2	like	1	1	1	18	forgot	3	1	2
3	do	1	1	1	19	listen	1	1	1
4	know	1	1	1	20	played	2	1	1
5	was	2	2	1	21	study	1	1	1
6	have	1	1	1	22	watched	1	1	
7	are	1	1	1	23	got	1	1	1
8	think	1	1	1	24	see	1	1	1
9	go	1	1	1	25	win			2
10	went	1	1	1	26	bought		1	1
11	play	1	1	1	27	get	1	1	1
12	am	1	1	1	28	had	2	1	1
13	want	2	1	1	29	sang	3	2	
14	watch	1	1	2	30	sing	1	1	1
15	buy	2	1	1	31	won			3
16	talk	2	1	1					

* T は教科書，H はハンドアウト，K は『基礎英語』を示す。
* T，H，K 欄の数字は初めてその語彙を input した学年を表す。
（例：T 欄の「1」は1年の，「2」は2年生の教科書に出てきたことを示す。）

　すべての動詞がどこで input されたかがわかります。win, won 以外のほとんどの動詞は教科書とハンドアウトの両方，またはいずれかで input されたことがわかります。win, won はゲームで教師が使っていた語彙でした。win, won 以外の29の動

詞のうち，ハンドアウトでは2つを除いて1年生で導入したのに対し，教科書では1年で20個，2年で9個導入しました。『基礎英語』では4つを除いて1年で導入しました。

この時期のずれは，前に述べたように，ハンドアウトは生徒たちが表現したいと思っている語彙を導入していることによると思われます。生徒たちが表現したい語彙を拾っていくとどうしても多くなりますが，太田は導入した語彙を全部覚えさせるのではなく，使いたい語彙を使うように指示をしていました。input と intake がよく結びついていることがこの表からわかると思います。

4 まとめ

① 世田谷中学校で毎年行う2年生，3年生のスピーチコンテストのための原稿に使われた語彙を見てみると，4人の生徒の場合には，教科書から input された語彙を約7割使っていることがわかりました。

② 残りの3割はハンドアウトと『基礎英語』からのものがほとんでしたが，生徒がスピーチのために自分で他から得た語彙もありました。ハンドアウトと『基礎英語』からの input は intake されて，スピーチの原稿の中で使われたことは確かです。

③ spontaneous なスピーキングにおいては，教科書から input された語彙の使用は58％で，残りは，ハンドアウトと『基礎英語』からの語彙が使われていて，この3つでほとんどすべてがカバーされていました。

④ spontaneous なスピーキングの結果を見ていると，2年生の2学期までとそれ以降では，語彙の習得の量が増え，表現の幅

も広がって output の質が変わっていくのではないかと予想されます。

　これは，2年生の2学期までに生徒が文構造を習得したことによるものと考えられます。

4 語彙サイズテストからみた語彙の習得

1 Intake された語彙の数

　ここまでは，生徒の output から語彙に関する intake を調べてきました。これは生徒が実際に使った語彙ですから，production での語彙です。しかし，intake されたはずの語彙の中には，実際には production ではたまたま使われなかった語彙もたくさんあります。また，使わなくても，見たり聞いたりすれば意味がわかるということも intake と考えられます。これを調べるのは容易なことではありません。まさか，input した語彙をすべて書き出して，覚えているかどうか生徒に聞くことも難しいことです。何しろ，第2章でお話しましたが，Book 1 の異なり語数だけでも500語ぐらいあるわけです。それが Book 2 になると800語ぐらいに増えます。

　そこで，私たちが取り組んでみたのが「語彙サイズをテストする」という考えです。「語彙サイズ」とはどのくらいたくさんの語彙を知っているかという量のことです。もちろん，「どのくらい知っているか」というときには，意味はわかるという理解のレベルと，それを使えるという production のレベルがあります。ここでは，「意味はわかる」という理解のレベルで「語彙サイズ」というものを考えてゆきます。

では，私たちは英語の語彙をどのくらい知っているか，言いかえれば語彙サイズがどのくらいあるのでしょうか。皆さんは，自分の語彙サイズをご存じですか。また，自分が教えている生徒は，どのくらいの数の語彙を1年間で身につけるのでしょうか。

　と言っている私たちも，今まで語彙サイズを測るテストなど中学生に行ったことはありません。中学1年生の終了時には，「中1で使った教科書のすべての単語を production レベルで使えるようになっていてくれれば」，それが無理でも，「せめて，教科書の単語は見れば意味がわかるようになっていれば」と思うことはありますが，実際にそれが何語ぐらいになっているのかなど，あまり考えたことはありません。第1，そのような中学生の語彙サイズを測定できるテストはあるのでしょうか。

　英語を第2言語として日常生活の中で学ぶ学習者（English as a second language／ESL）向けによく挙げられる語彙サイズテストとして，Nation（1990）による Vocabulary Levels Test がありますが，このようなテストを生徒に行ったことはありません。実際のところ，これは上級学習者向けで，初級学習者には向いていないとのことです。では，中学生の語彙サイズは測定不能なのでしょうか。

　こんなことを思っているときに，「望月テスト」という「語彙サイズテスト」のことを知りました。麗澤大学の望月正道先生が提案されたもので，日本人の初級学習者の語彙サイズを測るためのものです。

　ここでの語彙サイズは「理解できる語彙がどのくらいあるか」というものです。最初は本当に，それで生徒の語彙サイズを測ることができるのか，語彙に関する intake を知ることができるのか，私たちにはよくわからなかったのですが，ともかくこのテストを生徒に実施してみました。対象にしたのは，第2章でお話し

ました1999年度に本校に入学して来た生徒です。さらに,語彙サイズの伸びを知るためには,定点観測が必要と考え,同じテストを同じ生徒に,各学年の最後に実施してみました。その結果わかってきたことや語彙サイズテストを中学生に行うメリットなどについて,以下の項で述べていきたいと思います。(以下の項目は,小菅「中学校現場における「望月テスト」の意義」(『隈部直光教授古稀記念論文集』)を参考にしました。)

2 「望月テスト」とは

まず,「望月テスト」について,もう少し詳しくお話をしておきましょう。このテストは以下に示すような特徴を持っています。

(1)測定する語彙力

このテストでは「日本人の初級の学習者が理解のレベルでどれだけたくさんの語を知っているか」を測定します。

語彙力ということを考えたときには,実は2つの要素があります。1つは,どれだけたくさんの語を知っているかということです。「望月テスト」はこれを測定するわけですが,通常これを語彙の「サイズ」と言っています。2つ目はある語をどれぐらいよく知っているかということです。たとえば,どのくらい自由に使えるかとか,その語彙を使った表現をどのくらい知っているかなどで,これは語彙の「深さ」と言いますが,このテストではこの「深さ」を測ることはできません。

(2)語彙の数え方

第2章でも少しお話しましたが,語彙の問題を考えるときに,どのようにカウントしているかには注意をする必要があります。

私たちは，辞書の見出し語になっている原形だけでなく，動詞の活用形もすべて含めてカウントしてきました。しかし，「望月テスト」では，動詞や形容詞の活用形や名詞の複数形などは数えていません。中学1年生にとっては，play も plays も played も playing もみんな異なった語としてはじめは認識されます。それぞれの語を理解し，正しく使うことができるかどうかは，このレベルにおいては大きな問題です。しかし，「望月テスト」では，これらはカウントせず，play 1語だけにしています。望月先生は，中学生から大学生レベルまでをすべて初級学習者とされているようなのと，文法の機能よりも，語彙の意味を優先させて考え，活用形は削除されたのではないかと思われます。いずれにせよ，このカウント方法の違いだけはご承知おきください。

　語彙研究の世界では多くの場合，語彙は word family でカウントしています。word family とは，辞書に記載された見出し語の原形のことではなく，その中でも同じ語幹に接辞を付加してできた語すべてのことを表します。したがって，たとえば，

　　happy, happiness, happily, unhappy, unhappiness, unhappily

は，1語と数えます。こんなカウントの仕方は，中学校の現場から見たら驚きです。中学校ではこれらの語彙すべてを教えるだけでも一苦労です。happy という語彙を知っている中学1年生が happiness, happily, unhappy, unhappiness, unhappily という語彙も知っているとは，誰も思いません。でも，「語数」と言ったとき，海外ではこの数え方が一般的なのだそうです。

　たとえば，日本人がアメリカで英語を学ぶケースと日本にいて学ぶケースとでは，英語に接する量も英語のレベルもまったく違

いますから，前者の学習者がある語彙を知っているとすれば，それと同じword familyにある他の語も知っているだろうと考えているようです。

　話はちょっと横道にそれますが，よく，「〜千語レベルのテキスト」という言い方を聞きますが，あれはどのようにカウントされているのでしょうか。テキストの総語数で表したものは別ですが，海外の出版社から出ていて，語彙サイズで表したものは，たいていword familyでカウントしているようです。

　ということは，もしかすると私たちはとんでもない間違えをしているかもしれないのです。word familyを派生語までカウントするとどのくらいの語数に膨れ上がるのでしょうか。色々な換算の方法があるようですが，Nationが作成した2000語レベルの語彙は，派生語も細かくカウントすると6000語になるそうです。よく，「2000語あれば日常生活には十分」とか言いますけど，これは実際には「6000語ぐらい知っていないと基本的な力はついていない」と言っているのと同じなのかもしれません。「2000語だったら，中学と高校の教科書の語彙で十分」という主張も怪しいものです。「語彙サイズ何千語」と誰かが言ったら，どのようにカウントしているか注意してみてください。

(3) 元となった語彙表

　語彙サイズテストを作成するためには，まず，元にする語彙表が必要になります。望月先生は，園田勝英先生が作られた北大語彙表を改訂したものを元にされました。望月先生によれば，北大語彙表は15,000語に及ぶ12種類の語彙表をデータベースに，*Time*誌5年分の全テキスト900万語と米国環境庁の科学文献抄録集に収められた270万語のコーパスの頻度情報をもとに，7,420語を大学教育の指針として選定したものだそうです。やはり

word family ではなく，派生語まで扱っています。望月先生はこの北大語彙表を，テスト作成のために，次に示す観点から改訂しています。

①重複していると考えられる語の削除

英米で綴りの異なる語が2語としてリストに載っている場合には，重複しているものとして，米式の綴りを採用して，英式で綴られた語を削除しています。

また，規則的に th を付けるだけの序数も，重複しているものとして削除しています。ただし，不規則な first, second, third は残してあります。

さらに，不規則動詞の活用形も，重複しているものと判断して削除しています。しかし，be 動詞と助動詞の活用形や，drunk, interesting など他の品詞として定着しているものは削除していません。

②学習者の実態に合わせたレベルの調整

多くの語彙表がそうであるように，北大語彙表も頻度をもとに作成されています。頻度が高くよく使われる語は，必要性も高いと考えられますが，裏を返せばより簡単な語でレベルの低い語となります。ところが，日本人の初級の学習者が語彙を学習する時には，教科書や授業を通して意図的に学習しますから，実際の使用頻度には関係なく覚えることになります。本来，使用頻度のあまり高くない語彙が，中学1，2年生など学習のかなり早い段階で出現する可能性があるわけです。そうすると，語彙表の難易度と学習者の語彙サイズがずれてしまうことになります。そのため，一般の使用頻度は低くても，授業で扱われる可能性の高い語彙の難易度レベルの引き下げを望月先生は行いました。望月先生はこ

れを「学校英語の基本語と考えられる語彙」と呼んでいます。

このことは,生徒が知っている外来語についても同じように考えられます。1979年に東京都中学校英語教育研究会が検定教科書にある外来語を,小学校6年生がどのくらい知っているかを調べたことがあります(東京都中学校英語教育研究会,1979)。望月(1998)によれば,少なくとも,1種類の教科書に出てきた外来語は557語もあり,それを小学6年生は70パーセント以上知っていると答えたのだそうです。これらの語は,まったく初めて授業で学習する語彙とは生徒にとっての難しさが違ってきます。望月先生は,これらの語彙が北大語彙表で高校必修語以上に分類されている場合には,中学必修語彙のレベルに引き下げています。

③5000語までを1000語単位で分類

望月先生は,北大語彙表を,約1000語ずつに分類し,全部で7000語の語彙表にしました。そして,それを「改訂北大語彙表7000語」としています。

(4)形式

テストは各レベル(1000語ごと)30問からなります。つまり,30語について知っているかどうかをテストすることによって,1000語全体のうち何語程度知っているはずだと推定するのです。

形式は与えられた日本語に相当する英語を選ぶというものです。1000語から30語を無作為に抽出します。また,錯乱肢となる60語も同じレベルから無作為に抽出して問題を作ります。

次に示すように,外来語の難易度を意識してか,カタカナ語表現を避け,すべてひらがなと漢字だけで出題しています。たとえば,次頁にあげた例では「小麦粉を焼いた菓子」とありますが,これは「クッキー」のことです。

また，スペースの関係か，2つの語彙を，同じ6つの選択肢から選ぶようになっています。慣れない生徒は，混乱しますので，初めに説明をしておいた方がいいかもしれません。

1000語ごとにB4版1枚のテスト用紙になっているので，レベルが上がると，用紙が増えることになります。ただし，中学1年生では2000語レベルまでで十分ですので，テスト用紙は2枚分(60問)で，15分もあれば教室で一斉に実施できます。

また，語彙サイズの推定は，次のように求められます。たとえば5000語レベルまで行ったときには，

　　(各レベルの正当数の合計)÷(30×5)×5000

となります。

語彙サイズ測定テスト

日本語の意味を表す英語を(1)〜(6)の中から選び，その番号を解答欄に書き入れなさい。

1．小麦粉をやいた菓子　　　2．集まり，会
(1) birthday (2) cookie (3) fork (4) party (5) star (6) sweater

3．玉ねぎ　　　　　　　　4．ぶどう
(1) grape (2) lettuce (3) onion (4) pear (5) rose (6) tree

　　　　　　　　・
　　　　　　　　・
　　　　　　　　・

29．彼女のもの　　　　　　30．私の
(1) below (2) hers (3) my (4) past (5) which (6) whom

「望月テスト」の例

3 「望月テスト」の結果

　私たちは，1999年度に本校に入学した生徒に，次のような要領で「望月テスト」を実施しました。
　①実施時期：中学1年と2年の3学期末
　②対象の生徒：学年の生徒全員
　③実施方法：英語の授業時間に1年生には1000語レベルと2000語レベルの用紙をそれぞれ配布し，生徒各自のペースで解答をさせ，終了次第提出をさせました。2年生には3000語レベルまで3枚の用紙を配布し，1年生の時と同じように解答させました。このときの1000語レベルと2000語レベルの問題は，1，2年とも同じものです。
　④生徒へのフィードバック：この年度を担当した小菅が採点をし，各レベルの正解の個数と推定の語彙サイズをそれぞれの生徒に知らせました。2年生については，1年生の時の正解数と語彙サイズも示して，1年間でどれくらい伸びたかを知らせました。
　結果は次のようになりました。

表1　「望月テスト」による語彙サイズの結果

	平均	最大	最小
1年	1185.97語	1,600語	400語
2年	1859.52語	2,500語	733語

　この年度の生徒に教科書から input した異なり語数は，1，2年合計で1,095語です。それに比べて，「望月テスト」による推定の語彙サイズの平均は2年生では，1859.52語ですから，教科書で input した語彙よりかなり多い語彙を知っているということに

なります。しかし，教科書，ハンドアウト，『基礎英語』からinput した異なり語数の合計は，2,865語ですから，この語数と比べると，平均値では，input された語彙がすべて intake されているわけではないことがわかります。

しかし，この推定の語彙サイズとinput に関する語彙数を単純に比較することには，ちょっと問題があります。次をご覧ください。

なお，この章で扱われる「教科書」「ハンドアウト」『基礎英語』から input された語彙の数字は，この年度の担当者であった小菅が教えた生徒たちのデータに基づいていることをお断りしておきます。

4 改訂北大語彙表と教科書等からの input との関係

改訂北大語彙表と，生徒たちが使用した教科書やNHKの『基礎英語』で学習した語彙，そして授業中にハンドアウトで特別に与えられた語彙は，実際にはどのくらい重なっているのでしょうか。もし，北大語彙表がはじめの1000語レベルからあまりにも生徒が実際に学習した語彙と異なっていたら，語彙テストを行う意義をもう一度考える必要があります。

改訂北大語彙表の1000語レベルの語彙は，実際には995語示されています（〈巻末資料〉参照）。「望月テスト」を実施した生徒たちが中学1年生の時に使用した教科書 *NEW HORIZON English Course 1* で扱われる異なり語は，第2章で示したように532語です。しかし，これを単純に比較することはできません。なぜなら，北大語彙表は動詞や形容詞などの活用形は含まれていないからです。また，改訂北大語彙表には固有名詞も含まれていません。ですから，固有名詞も532語から取り除かなければなりませ

ん。この2つを取り除くと、339語になり、200語近く減ることになります。活用形や固有名詞が割合多いということですね。授業中に与えたハンドアウトの中に示された語彙も活用形や固有名詞を除くと、372語になります。さらに、NHKの『基礎英語①』でも活用形や固有名詞を取り除くと866語になります。これらの語彙はどのように改訂北大語彙表と重なり合っているのでしょうか。語彙リストを作成して重なり具合を見ることのできるコンピュータの分析ソフトで分析すると、表2に示すようになります。

表2 生徒が学習した語彙と1,000語レベルの語彙表との重なり

教科書 〈339語〉	ハンドアウト 〈372語〉	基礎英語 〈866語〉	語彙表 〈995語〉	重なり語数
○				32語
	○			82語
		○		318語
			○	389語
○	○			6語
○		○		13語
○			○	38語
	○	○		16語
	○		○	36語
		○	○	216語
○	○	○		6語
○			○	19語
	○	○	○	72語
○		○	○	90語
○	○	○	○	135語

表2はちょっと複雑ですが、○のついているところに（共通して）現れた単語の語数を右端に表示したものです。たとえば、一番上の欄は教科書の枠だけに○がついています。ですから、教科書だけに出てきた語彙は32語だけしかなかったということを表します。また5段目は、教科書とハンドアウトに共通して出てきた語彙が6語あったことを示しています。一番下の欄は、4つの枠のすべてに○がついています。したがって、教科書、ハンドアウト、『基礎英語』、そして1,000語レベルの語彙表のすべてに共通して出てきた語彙が135語あったということです。なお、「語彙表」の欄は995語になっています。これは、改訂北大語彙表は各レベルが正確に1000語あるわけではなく、1000語レベルではここに示すように、995語になっているということです。ちなみに、2000語レベルは963語です。

　どれにも共通している135語ですが、これが語彙の基本中の基本ということになると思われます。その内容は巻末の資料に挙げておきます。

　この表2を使うと、どの語彙がより基本的なものか、派生的なものかがわかるかもしれません。研究が進めば、この表を元に中学生の基本語彙テストなどを開発することも出来るのではないかと期待してしまいます。

　単にテストということだけでなく、中学生の語彙習得が順調にいっているかどうかを見るための基準がこの表の中に隠れているように感じるのは私たちの思いこみでしょうか。

　さて、詳しいデータは示しませんが、小菅が教えた生徒へのinputを見たときに、『基礎英語』だけからのinputは1、2年生全体では、38パーセントにもなり、かなり色々な語彙が与えられています。ハンドアウトの分もプラスすれば、教科書だけからのinputがたとえ1000語に満たなくても、1000語レベルの語彙のか

なりの部分をカバーすることができると期待しましたが、結果は大外れでした。「改訂北大語彙表1000語レベル」だけに出現する語彙が389語もあるのです。したがって、生徒は606語しか学習していないことになります。しかし、「望月テスト」の結果から推定された1000語レベルの語彙サイズの平均は866語でした。この数字をどのように解釈したらいいのでしょうか。いくつか考えられることを以下に述べてみます。

(1) 生徒がすでに知っていた語

　「改訂北大語彙表1000語レベル」だけに出現する389語をよく見ていくと、1つには、日本語となった外来語で、教科書等で学習していなくても十分にわかるものが70語ありました。また、ハンドアウトには出てこなかったのですが、授業中に音声だけによって何回も生徒に input されたものが52語ありました。これらを合わせると122語になります。とすると995語のうち、728語は生徒がカバーすることができることになります。残りはあと267語です。

(2) 『基礎英語』以外からの input

　本校の生徒は8割近い生徒が塾に通っています。当然、そこでの input が考えられます。しかし、残念ながら、いろいろな塾があり、生徒が通う塾も1人1人違いますから、そこでの input を共通の input とすることはできません。また、塾以外でも、私たち教師が知らない場面での input が考えられます。本の好きな生徒は読んだ本からの input も考えられます。外国のアーティストが好きな生徒は多いですから、彼らの歌から input された語彙も考えられます。映画もそうです。これらの input が残りの267語のうちのいくつかをカバーしている可能性は十分あります。

(3)「望月テスト」の誤差

　「望月テスト」は抽出された30語についてのテストの結果から語彙サイズを算出するわけですから、本当に生徒が知っているかどうかということではありません。出てきた数字は果たして、本当に生徒の語彙サイズを表しているのでしょうか。このことは語彙サイズテストの宿命ではあるのですが、1000語の中から30語を抽出するということは、1語知っていれば、同じレベルの語を他に33語知っていると見なすわけです。中学生では、たまたまある語を授業で習って知っていたけれども、そのレベルの他の語は知らないということは十分考えられます。

　この疑問を検証するために、中学1年生の学年末に「望月テスト」を実施した生徒30名に、改訂北大語彙表の1000語レベルの語彙をすべて示し、知っていると思う語彙すべてに○をつけてもらいました。そして、その関係を調べると、「望月テスト」でよい結果を出した生徒は、自己申告で○をつけた数も多かったということがわかりました。

　しかし、「望月テスト」の結果と生徒が○をつけたものの平均の差は表3からわかるように215.43にもなり、どの生徒も推定のサイズの方が大きくなっています。はっきりと意味がわからなければ○をつけない生徒と、見たことがある程度でも○をつけてしまう生徒がいて、○をつけるという確認のしかた自体に正確性が欠けるのかもしれませんが、生徒の自己申告よりは推定の語彙サイズの方が大きめに出ることだけはわかりました。

表3　「望月テスト」の結果と自己申告による語彙数との関係

	「望月テスト」1000語レベルの推定語彙サイズ	生徒の自己申告による1000語レベルの語彙数
平均	865.53	650.10

したがって，生徒が1000語レベルの語彙のうち200語ぐらい知らない語があっても，実際の「望月テスト」の1000語レベルの点数は高く出てしまった可能性も否定できないということになります。

　このように見てくると，改訂北大語彙表の1000語レベルの語彙は世田谷中学校の1年生にとっては，まったく学習していないものばかりで手がつけられないというものではないことがわかりました。と同時に，テストによって推定された語彙サイズを生徒のintakeと考えることはできると思われますが，外来語等，私たちの指導によるinputと考えた，教科書，ハンドアウト，『基礎英語』以外からのinputもその中には含まれていることも否定はできません。

5 「望月テスト」の教育現場での意義

　私たちは1年生と2年生の学年末にそれぞれ「望月テスト」を行ってみました。その結果，いくつか，指導上の指針がつかめることがわかりました。

5-1 「望月テスト」と学校の成績との関係

　麗澤大学の片桐一彦先生は，高校生にこのテストを実施し，TOEIC IPや予備校の模擬テストの結果と比較して，かなりの相関関係があることがわかると言っていらっしゃいますが(Katagiri, 2000)，はたして，私たちの学校の英語の成績との関係はどうでしょうか。表4に示すように，本校の成績は観点別に絶対評価で出しており，英語科の場合は，各技能の能力と授業内容の達成度を総合して，成績としています。それぞれの観点ごと

表4 53回生1年3学期「英語評価」の観点
〈A＝75点以上；B＝75点未満40点以上；C＝40点未満〉

関心・意欲・態度	10	ノート作成：3点(作成が不備のもの2～1点) ヒアリングマラソン記録表の提出：3点(3か月とも300分以上聞いた者：＋1点／未提出1か月につき－1点) 問題集(Practice)の提出：2点 自ら積極的に発表を行った者：1回の発表につき1点 ＊加算は2点まで。残りの点数は「コミュニケーション能力A」に加算。
コミュニケーション能力A(表現)	25	インタヴューテスト：30点分 「×××さんの新聞」の提出：30点分 期末テスト［11］(作文)の得点：10点分 ＊以上を0.36倍して25点に換算
コミュニケーション能力B(理解)	20	期末テスト［1］～［4］(聞き取り問題)，［10］(読解問題)の得点43点分 ＊以上を0.47倍して20点に換算
語彙や文の構造についての知識・理解	45	期末テストの得点×0.45

につけられた点数を合計すると100点満点になるようなっていて，その合計の点数により，A，B，Cと評価するようになっています。

この成績と「望月テスト」との関係を見るために，1999年度に入学して来た生徒に対し，1年生の時に「望月テスト」を2000語レベルまで，2年生の時には3000語レベルまでを実施し，その推定のサイズとそれぞれ3学期の100点満点で表された成績とを比較してみました。対象とした生徒は，1年生では147名，2年生では159名でした。これには特別な統計用のコンピュータソフト

を使って調べるのですが,どちらのテストも本校で出された成績とは関係が深いということがわかりました。つまり,「望月テスト」の結果がいい生徒は,学校の英語の成績もよく,「望月テスト」の結果があまりよくないものは,学校の英語の成績もあまり振るっていないということです。ということは,「望月テスト」を行うことで,生徒の全般的な英語の力に対する目安を得ることも可能になるということです。

　実際テストを実施したとき,生徒はとても協力的でした。proficiency を測るテストとして,英検の他に,TOEIC Bridge やベネッセのコミュニケーション能力テストなどが,中学生でも 3 年生であればレベル的に受けられるようにはなっていますが,これらのテストは長文を読んだり,テープを聞いて答えたり,生徒にはかなり緊張を強いることになります。しかも,費用がかかります。それに対し,「望月テスト」は単語を見て,その意味を選択肢から選ぶだけのものですから,割り合い生徒はリラックスして受けることができたようです。しかも,1 年生と 2 年生で同じテストを実施し,サイズの伸びを自分で確認できるということが生徒には大きな魅力になっていたようです。

5.1.1　特徴のある生徒(1)

　ほとんどの生徒が,表 5 の生徒 S10 のように,語彙サイズテストのレベルが上がるにしたがって得点が下がっています。頻度の低い語,つまり日常的にあまり回数多く使われない語になるほど,難しさが増します。このテストの結果は,予想されたものです。

　しかし,細かく見ていくと,表 5 の生徒 S11 のように,各レベルの得点の取り方に,特徴のある生徒が見られます。

　結果としては同じ語彙サイズでありながら,生徒 S11 は,

表5 1年時の「望月テスト」の結果

	1000語レベル	2000語レベル	推定語彙サイズ
S 10	28	7	1,167語
S 11	21	14	1,167語

1000語レベルの得点が生徒S 10に比べてあまりよくなく，その分を2000語レベルの得点で補っています。このような生徒は数名にすぎないのですが，共通点として，中学入学前から塾に通っており，学校での学習にはあまり身が入らないという学習態度が見られました。2000語レベルの得点が他の生徒よりも高いのは，塾等での学習により，2000語レベルの語彙を学習していることが予想されます。その反面，1年生の時に学習しなければならない基本的な語彙が，他の生徒に比べて習得されていないことがわかります。

能力の高い生徒であれば，学校と塾のどちらでの学習にも支障をきたすことはないと思われますが，世田谷中学校では，成績が下位の生徒の中にこのような特徴が見られます。本来，学校の学習と塾の学習との相乗効果で生徒の学力を高めていくべきところが，本末転倒というか，このような結果が出てくることは現場の教師としては悲しい限りです。

当然，通常の授業の様子から生徒S 11のような生徒は気になるところですが，それをこのテストを実施することで，生徒の学習の実態の一部を確認することができ，指導の方針を得る手がかりとなりました。

5.1.2 特徴のある生徒(2)

さきほど「望月テスト」と学校の成績とは関係が深いと言いま

したが，例外的に，かなり外れてしまっている生徒が数名存在します。特に，ここでは対照的な2名の生徒について考えてみたいと思います。表6に示すように，S12とS13は2人とも「望月テスト」の席次と成績の席次の差が80以上になります。S12の方は「望月テスト」の席次は159名中半分以下となっていますが，成績は上位です。S13はその逆です。

表6　2年時の「望月テスト」の席次と成績の席次との関係

	語彙サイズ	望月テストの席次	成績の席次	席次の差
S 12	1,733語	109位	24位	85
S 13	2,233語	11位	93位	−82

　S12は2年間を通じて常に前向きに学習に取り組み，順調に力を伸ばしてきました。特に，スピーキングのperformanceにすぐれていました。教科書で学習した語彙や表現を実に巧みに使って，英語にしにくい表現を，他の生徒にわかりやすく正確な英語で表しています。この生徒を見る限り，productionにおいては，受容の語彙サイズだけでは保証されない英語の力が関与しているように思われます。このproductionと語彙サイズについては，後で詳しく述べてみたいと思います。

　一方，S13は文法の力はあるように思われますが，2年間を通じての授業では積極的に参加していた様子は見られず，特に，スピーキングのperformanceでは，1年生の3学期と2年生の3学期ではあまり大きな進歩が見られませんでした。語彙サイズだけを見れば，S12より500語も大きいわけですが，S12の方が，すべての技能に関してすぐれていました。また，S13は，生徒S11と同様に塾での学習にはかなり熱心でした。単なる知識で

はなく，コミュニケーションの手立てとしての英語の力が求められたとき，受容の語彙サイズからは類推することができない能力があると思われます。S 12 と同様に，今後この S 13 がどのように力を伸ばしていくのか，追跡をしていきたいと思っています。

このように語彙サイズテストは単に生徒たちの語彙全体のサイズを測定することができるだけでなく，語彙の分布を見ることによって，語彙習得，もっと風呂敷を広げれば，英語の習得のプロセスについて私たちにヒントを与えてくれる可能性があると思います。

6 語彙サイズとスピーキング能力との関係

第 3 章ではスピーキングの output から生徒の intake について調べてみたのですが，ここでは，語彙サイズとスピーキング，つまり，「理解はしている」という intake と「production で使える」intake とはどのような関係があるかを見てみたいと思います。

6-1 Interview test の実施

この「望月テスト」を実施した生徒たちには，中学 1 年の 3 学期から学期ごとに ALT に interview test を行ってもらっていました。

通常の授業では，spontaneous に発話できることを指導の目標にして，1 年生の 2 学期ぐらいから，「出きる限り友達と話を続けましょう」という指示のもとに，準備なしで生徒同士，会話を続ける chat というものを行っています。Interview はこの chat の指導の延長線にあるもので，第 3 章と第 6 章で示されている実

践とほぼ同じものです。その時の評価は各学期のスピーキングの評価の中に入れています。

実施の仕方は，他の生徒がいないところで，決められた時間内に，ALTと出来る限り話を続けるというもので，2年生の2学期までは，以下に示す評価の観点で行いました。各観点は5点で，合計15点で，ALTと小菅の2人で評価を行いましたので，30点満点になりました。

・fluency（ALTとスムーズに話を続けることができたか）
・sentence（話している文が文法的に正しいか）
・pronunciation（発音やイントネーションが正確か）

さらに，2年生の3学期には上の3つに加えて，次の観点を加えました。したがって，2年生の3学期は，40満点になります。

・content（トピックをしぼって，内容を深めることができたか）

ここで以下に示すように，4人の生徒を抽出し，interview testの結果と「望月テスト」の結果とを比較してみたいと思います。

[抽出した生徒の特徴]
S11：特徴のある生徒(1)で示した，塾づけで，しかも英語力をあまり伸ばせなかった生徒です。
S12：成績に比べて，望月テストの得点があまりよくないのですが，非常に意欲的で，スピーキングの能力がすぐれている生徒です。
S13：特徴のある生徒(2)で示した，望月テストの結果の方が成績よりもはるかによい生徒で，授業中もあまり意欲が感じられません。生徒S11同様に塾づけの様子が伺えました。
S14：成績，望月テストのいずれにおいても高得点をマークし，

学習も前向きに取り組んでいる生徒です。

1年生3月期と2年生3月期に行ったこの4人の生徒の「望月テスト」の結果は以下の通りです。

表7　「望月テスト」による推定語彙サイズ

生徒	語彙サイズ	
	1年	2年
S 11	1,167	1,633
S 12	1,233	1,733
S 13	1,467	2,233
S 14	1,600	2,233

6-2　「望月テスト」とinterview testとの関係

「望月テスト」との関係を見るため，interview testから得られた以下に示す4つの資料を，下の①〜④の項目で分析を行ってみました。

〈Data 1（ALTとのinterview test（2分30秒））〉中学1年2月

〈Data 2（ALTとのinterview test（2分30秒））〉中学2年6月

〈Data 3（ALTとのinterview test（3分））〉中学2年11月

〈Data 4（ALTとのinterview test（3分））〉中学2年2月

①発話語数：実際にどれだけの語数を話したかということで，多く話せば話すほど，語数は増えます。ただし，ここでは話した

時間を均一にするために，Data 3 と 4 については，Data 1 と 2 と同じ 2 分30秒に換算してあります。

②C-unit の総数：C-unit とは，話をしているときの，1つの意味のまとまりを表す最少単位です（Foster *et al.*, 2000）。文はもちろんのこと，語，句，節など，「主語＋動詞」になっていなくても，十分に意味がわかり，談話の流れの1つになっているものです。たとえば，"Do you like baseball?" という ALT の質問に対して，"Yes." と答えても "Yes, I do." と答えても，"Yes, I love it." と答えても C-unit は1つと数えます。この数を調べることによって，意味のまとまりのあることをどれだけ話すことができたかがわかります。

③2つ以上の C-unit からなる turn：turn とは会話をしているときの1人の人が話している間のことで，「自分の番」と考えることもできます。たとえば，以下の例を見てください。

A : What time did you get up this morning?
B : This morning? Well, I got up at nine o'clock. I usually get up at seven, but I stayed up late last night. I did my homework. So I got up late this morning.

A，B それぞれが話をしている部分が，1つ1つの turn になります。A の質問に対して，B はずいぶん色々と話をしています。②で説明しました C-unit で数えると，B は1つの turn で5つの C-unit を話したことになります。通常，私たちでもそうですが，英語で話をしているときには，相手の言ったことに対して，何かとにかく言わなければなりませんが，ひとこと言ってしまうと，安心して，その後話が続かないということがよくあります。ですから，1つの turn で例の B のように複数の C-unit を話し

たということは大変なことです。色々と後から説明を加えたり，内容を発展させたりすることにもなりますから，2つ以上のC-unitからなるturnが多いということは，spontaneousに積極的に話をしたことを表していると考えることができます。

④7語以上のC-unitの総数：C-unitの数が多くても，ただ単語を並べただけの発話と，sentenceでしかも接続詞や修飾語を用いて，長く話すのとでは，当然発話の質が異なってきます。1文が長くなるほどいいとは必ずしもいうことはできませんが，これも1つの目安にしてみたいと思います。1つのC-unitで7語以上あればかなり中学生としては長い文を話していると思います。ただし，

I have... I have... I have many CDs.

のように繰り返しや，言い直しで7語以上になったものは数えません。

以上の観点で4人（S 11～S 14）の生徒のinterview testでの発話を調べた結果は次頁の表の通りです。まずは，それぞれの生徒について4回分の発話についてまとめてみました。あわせて，そのときの評価（点数）も示します。ただし，2年の3学期だけは評価が40点満点なので，ここでは比較しやすいように30点満点に換算してあります。

これらの表は，1つの項目について，上から下へ数字を見ていっていただければいいのですが，これでは変化も他の生徒との比較もわかりにくいので，これを，それぞれの分析の項目ごとにまとめてグラフにしてみました（図2～図5）。以下ではこのグラフをもとに，もう少し詳しく見てみたいと思います。

S 11 の interview test での発話

時期	発話語数	C-unit の総数	複数の C-unit	7 語以上の C-unit	評価
1—3	55	13	2	1	16
2—1	46	18	2	0	16
2—2	81	20	3	3	10
2—3	96	20	2	1	20

S 12 の interview test での発話

時期	発話語数	C-unit の総数	複数の C-unit	7 語以上の C-unit	評価
1—3	102	22	6	4	30
2—1	115	30	2	6	27
2—2	180	32	9	9	30
2—3	199	45	15	7	29

S 13 の spoken data の分析結果

時期	発話語数	C-unit の総数	複数の C-unit	7 語以上の C-unit	評価
1—3	65	13	3	0	20
2—1	76	21	2	1	15
2—2	70	13	2	1	14
2—3	69	13	2	2	18

S 14 の interview test での発話

時期	発話語数	C-unit の総数	複数の C-unit	7 語以上の C-unit	評価
1—3	93	16	3	3	25
2—1	155	25	6	10	30
2—2	121	22	6	7	30
2—3	131	29	7	7	30

(1) 発話語数の変化

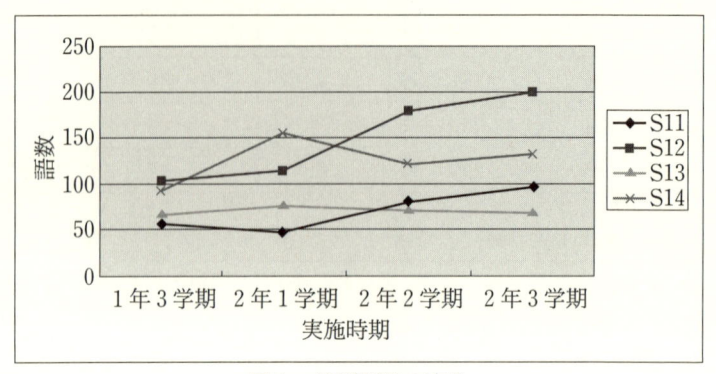

図1　発話語数の変化

　図1から，S12とS14の発話語数は，S11とS13に比べて1年の1学期から多く，特にS12は2年生の2学期からさらにその語数が増えているのがわかります。S12はS11やS13に比べると，2年3学期の時点では，倍以上の発話語数になっています。interviewの時間はほぼ同じですから，話すスピードも上がり，話す量も増え，話が続かずに沈黙してしまう時間もS11やS13に比べれば，かなり少ないと考えられます。そして，この違いは，評価の点数にも現れていると思います。

(2) C-unitの総数の変化

　次頁の図2を見てください。発話語数の時と同じように，C-unitの総数でもS12，S14は他の2人に比べて多く，2年の3学期にはかなり増えています。それに対して，S11，S13はS12，S13に比べて数が少ないばかりか，2年の2学期と3学期ではまったく変化がありません。生徒S12，S14は学習が進む

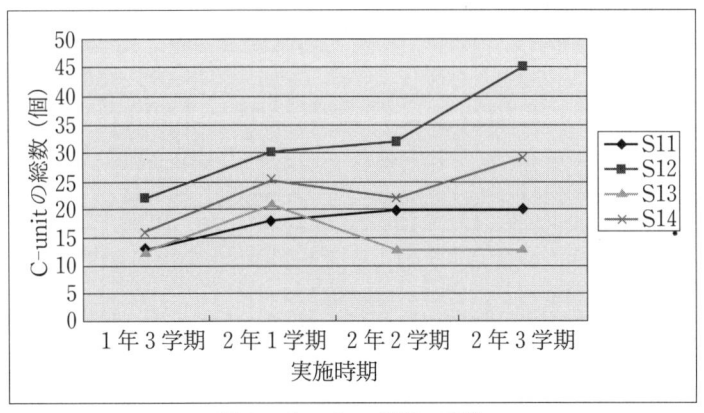

図2　C-unit の総数の変化

にしたがって，かなり発話量が増えていることがわかりますが，S11, S13 では2年の3学期になっても，スピーキングの能力を伸ばしていないことがわかります。もしかしたら，伸ばしていてもその変化がここには現れていないのかもしれません。3年になってそれが明らかになるのかもしれません。残念ながら，その先のことはわからないので，ここでは，2年3学期までで考えます。

　第3章の chat や interview test の spontaneous なスピーキング分析のところでお話しましたが，ここでも，2年の2学期までと，それ以降では生徒の発話能力になんらかの変化があるように思われます。ただし，そこでは扱ったS5～S9のすべての生徒に変化が現れたようですが，ここでは，比較的スピーキングにすぐれていると1年生の時から思われていたS12とS14だけに言えることです。もともと力のある生徒が，2年の2学期頃までに提示される文法事項を学習すると，その後は飛躍的に伸びるという感じがします。多分，3年生になるとさらに力を伸ばすのではないかと予想されます。

(3) 複数の C-unit がある turn の数の変化

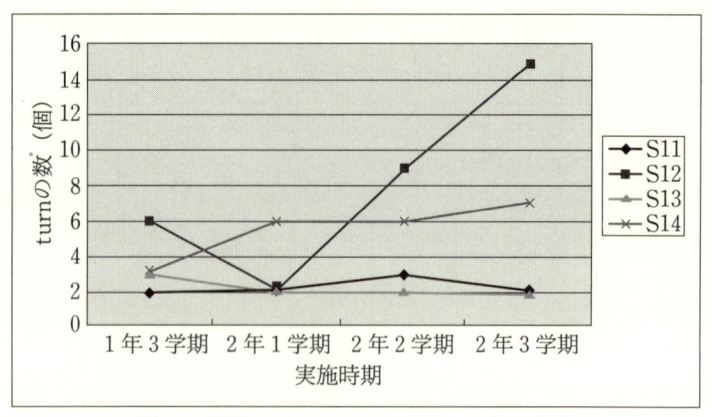

図3　複数の C-unit がある turn の数の変化

　この項目ではＳ12を除いて3人の差は1年の3学期にはあまりありませんが，2年の2学期以降になると，S12，S14は他の2人よりかなり多くなっています（図3）。しかも，S11，S13には2年の3学期まで変化がありません。つまり，自分が話す番になったときに，1つの語句または文を言うだけで，2つ以上続けて言うことは少ないということです。2つ以上のC-unitからなる turn というのは，自分が話す番になって，1つの語句なり文なりを言ったらそれで終わりにしないで，さらに話を続けていくことになり，中学生にとってはかなり難しいと思われます。いかに spontaneous に話を続けていくか，スピーキングの本当の力が問われるところかもしれません。

　なお，2つ以上のこと（C-unit）をどのように続けて言っているのか，具体的な続け方については，第6章で述べていきますので，そちらの方を見てください。

(4)複数のC-unit数の変化

最後に7語以上のC-unit数の変化を見てみましょう。

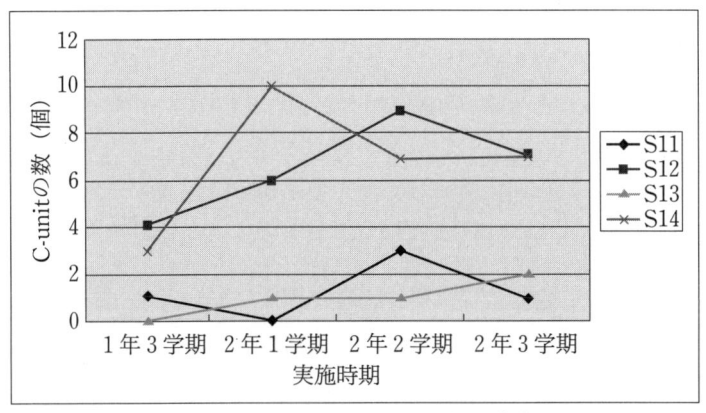

図4　7語以上のC-unitの数の変化

この項目では，S 12，S 14 と S 11，S 13 の違いが一層はっきりしてきます（図4）。7語以上というと，単に語句の羅列だけでは成り立たない数です。副詞句等の修飾語句が入ったり，接続詞を使った複文や重文が出て来たりする可能性が考えられます。いかに文が複雑になっているかということになります。

このようにして見てくると，受容の語彙サイズが大きいからといって，スピーキングにそれが必ずしも反映されているわけではないことがわかります。逆に，語彙サイズがそれほど大きくなくても，スピーキングで高い能力を示している場合もあることもわかります。スピーキングの output では理解のレベルの語彙サイズだけでは測ることのできない，別の要素が働いているということもできます。

7 卒業生のその後

　私たちの中学は中・高一貫の学校ではないため、3年間育てた生徒が高校へ行ってどのような英語学習を行っているか等については、残念ながら研究対象とできるような正確なデータはありません。半数弱の生徒が附属高校へ進学するものの、中学から継続して取っているデータもないのは私達の怠慢です。TOEIC Bridge のような proficiency test や英検のコンピュータによる診断テストのCASEC*などが今後はそのような役目を果たしてくれるものと期待していますが、中学1、2年生の英語の力がTOEIC Bridge で測れるかは疑問です。CASECもまだ中学1年生には完全に対応するのは難しいようです。しかも、これらのテストは時間とお金が必要です。その点、「望月テスト」は中学1年生から継続して容易に実施することが可能であり、また、データを比較し、中学3年間のみならず、高校3年間の学習の成果も見ることが可能になってきます。残念ながら、現在の高校生が、本校に在籍していたときの「望月テスト」のデータは存在しませんが、今後の参考として、現在の本校の生徒と本校の卒業生との比較を行ってみるために、18人の卒業生に「望月テスト」をお願いしました。

＊CASEC（Computerized Assessment System for English Communication）──日本英語検定協会が開発した次世代型の英語能力判定ツールで、「語彙・表現力の知識、リスニング力」を測定するテスト。最新のテスト理論であるIRT（＝Item Response Theory：項目応答理論）やCAT（＝Computer Adaptive Testing：コンピュータ適応型テスト）を用いた極めて判定精度が高いテストである。TOEICや英検との相関表もあり、短時間で手軽に英語の力を測定できる。(http://casec.evidus.com/ex/03.html)

7-1 卒業生のプロフィール

　テストをお願いした18人の高校生は，中学校在学中，英語の成績は様々でした。とても得意で大好きという生徒もいましたし，発表活動等は好きだったけれども，2年生になって過去形が入ってきてからはすごく抵抗感を覚え，教科書も単語や文章が増えてきたこともあり次第に頭に入らなくなり，だんだんと自信をなくし不得意になったという生徒もいます。また，一生懸命がんばったけれども，途中で語順がよくわからなくなって，思ったほど力を出せなかったという生徒もいます。さらに，18人のうち1人は帰国の生徒で，中学在学中から英検1級を取り，TOEICもかなりのハイスコアを出しているような生徒もいました。このように18人のプロフィールは様々です。進学した高校も，国公立高校，私立高校と一様ではありませんでしたが，快く調査に応じてくれたこの18人は，進学先の高校でそれぞれの学校生活を一生懸命送っていました。

　そんな彼らに，中学校と高校での英語の学習について聞いて見ました。彼らが思いつくままに語ってくれた言葉を，そのままランダムに列挙してみました。中には思い込みや誇張があるかもしれませんが，ご参考までにご紹介します。

[中学校での英語学習（学校，学校外）について]
・学校で言われたことはよくやった。
・通信添削を1年生のときからやった。
・『基礎英語』を3年間聞いた。
・『基礎英語』は中1のときだけ聞いた。
・中学2年の夏休みから塾に行った。
・塾は中3になってから行き始めた。文法中心の授業であったが，

これを乗り切らないと受験は無理と思って、わずかではあるが受け入れられるようになっていった。
- 授業中聞いたことは理解できたが、いざ言おうとすると、日本語で考えたことを英語に直してから完璧な英語で言おうと思い、かえって混乱して言えなかった。それが英語に対する苦手意識となった。でも、英語は好きだった。
- 授業は音声中心でコミュニケーション活動をしているときはとても楽しく、英語は大好きであった。
- とにかく、声に出して発音することはうれしかったし、楽しかった。
- スピーチ・コンテストで入賞したことは、うれしかったし、自信にもなった。
- 文法がわからないと思ったことはない。
- 文法がわからないと思ったことはないし、文法ということを意識したこともない。
- 3年生における実力テストの長文を読む問題はいやだった。読めなかった。

[高校での英語学習（学校，学校外）について]
- 中学校の時と違って教科書の本文も長いし、けっこう大変。でも、授業は面白く、力もつけてもらっている感じがする。
- 英語の発音がうまくて、バリバリ授業を進めてくれる先生がいる。
- 英語Ⅰ，Ⅱの時間は本文を訳す方式の授業。授業中に教科書1ページをまとめて音読練習する時間はほとんどない。
- 中学校の時のような、音声を主体としたコミュニケーション活動がほとんどない。
- まとまった文章を書くということはほとんどない。

- 1年時はOCで会話のようなことを少しだけやった。
- ラジオ講座も高校に行ってから,まったく聞いていなかった。
- 中学のときのように,『ヒアリングマラソン』のようなものをやっていたときの方が,聞く力も,発音もよかったような気がする。(『ヒアリングマラソン』とは,学校以外で英語を聞くことを勧めたもので,『基礎英語』の聴取もこれに入る。英語を聞いた時間数を記録させ,月ごとに集計した。学年上位20名のクラスと聴取時間数だけ発表し,記録表は提出物として成績に入れた。自己申告のため,いい加減な生徒ももちろんいたが,このようにまじめに取り組み自分の学習の励みにしていた生徒もいた。)
- 学校では2年生になるとspeakingの機会がないので,ラジオ講座を聞いて,中学のときのようにまた,勉強したいと思っている。
- 高校の英語Ⅰの教科書を予習してくるようにと言われて,読んでみると,一人でどんどん読み進めることができた。中学校のときには味わうことのなかった自信が出てきて,再び英語の学習にはまじめに取り組んでいる。
- 学校では帰国子女の人たちがすごく英語ができて,中学校のときのような自信はないが,同じように英語が好きだし,それなりにはがんばっている。
- このまま英語の学習を終わりにしたくない。
- もっと流暢に英語を話せるようになりたい。
- 英検をがんばってとっていきたい。
- TOEICやTOEFLにチャレンジしたい。

7-2　「望月テスト」の結果

　18名の卒業生に，高校2年終了時から高校3年生の夏休みまでに「望月テスト」を7,000語レベルまで受けてもらいました。表8がその結果です。ただし，この表には帰国の生徒の結果は入れてありません。

表8　卒業生の「望月テスト」の結果

	1000	2000	3000	4000	5000	6000	7000	サイズ
平　　均	29.5	27.4	22.5	16.8	15.4	10.8	7.2	4,324
標準偏差	0.8	1.4	3.2	5.2	4.6	4.8	3.5	687.4
最　　大	30	30	29	29	24	21	14	5,833
最　　小	27	25	17	12	11	2	2	3,500

　17名のうち，中学校時代の英語の成績が一番よくなかった生徒の推定語彙サイズは，実は最小の3,500語ではなくて，4,367語で，なんと平均の4,324語を上回っているのです。最大の5,833語を取った生徒は，中学校では，全教科にわたって大変優秀でした。逆に，中学校で英語の成績がよく，特に積極的に発表活動に取り組んだ生徒が，最小の3,500語を取っています。高校2年間で彼らが成長し変化していったわけですから断定はできませんが，やはり，「望月テスト」だけではわからないこともあるように思われます。

　Nationという語彙の研究者が基礎的な力を保証する語彙サイズとしては2,000語，換算して6,000語は必要と言っていますが (Yamauchi, 1995)，ここでの平均は4,324語で，それにはとても及びません。最大の生徒が5,833語と6,000語に近い数字を出し

ているだけです。参考までに，1人除外していた帰国の生徒のサイズは6,800語でした。多分，この帰国生は語彙に関しては申し分ないと思われますが，他の生徒は大学を卒業するまでに，その生徒に追いつくことができるのでしょうか。彼らの今後を見守ってゆきたいものです。

8 まとめ

① 「望月テスト」（初級学習者のための受容語彙サイズテスト）を実施したところ，意味がわかるというレベルでは，生徒は教科書，ハンドアウト，『基礎英語』等から input されたかなりの語彙を intake していることがわかりました。外来語など，それ以外からも intake している可能性があることがわかりました。

② 「望月テスト」による推定の語彙サイズが大きいからと言って，必ずしも spontaneous なスピーキングで力を発揮するとは限らないということがわかりました。

③ 世田谷中学校の18人の卒業生のその後を追ってみると，それなりにがんばっていることがわかりました。中学校での英語の成績は，高校3年の夏休みまでの段階で行われた「望月テスト」には，あまり反映されていないということもわかりました。しかも，帰国の生徒を除いて，全員6,000語には届いていないということもわかりました。

5 文法の習得

　私たちは，文法面からみた intake を調査するために，不規則動詞の過去形と過去分詞に着目し，49回生の生徒全員の2年時と3年時のスピーチ原稿を調べてみました。

　49回生の中から何人かの生徒を抽出し，2年生のときのスピーチ原稿と3年生のときのスピーチ原稿を比べて学習者がどのように伸びたのか，語彙と文法の面から探ってみました。

　続いて，51回生の抽出生徒を対象に，ペアワークの会話データについてどのように変化が見られたのかその習得過程について調べてみました。

　セクション1～4のデータは書き言葉について調べたものですが，最後のセクション5では話し言葉を書き起こしたデータをもとについて調べたものを掲載しています。

1 不規則動詞の過去形の出現状況

　まず，日髙が担当した49回生の2年生と3年生のスピーチ原稿に出現する不規則動詞の過去形の出現状況を表1-1にまとめました。活用形は『ジーニアス英和辞典〈改訂版〉』の不規則動詞活用表にもとづいています。また，各学年の欄の数字は，語の出現回数を表わしています。

表1-1　スピーチ原稿に出現した不規則動詞の過去形

	不規則動詞の過去形	2年生のスピーチ原稿	3年生のスピーチ原稿	Total		不規則動詞の過去形	2年生のスピーチ原稿	3年生のスピーチ原稿	Total
1	was	664	459	1,123	24	gave	12	6	18
2	went	240	99	339	25	caught	10	6	16
3	had	124	75	199	26	lost	10	5	15
4	got	82	28	110	27	put	12	3	15
5	said	44	65	109	28	met	9	5	14
6	thought	42	57	99	29	slept	13	1	14
7	came	47	33	80	30	won	10	4	14
8	did	44	33	77	31	knew	8	5	13
9	ate	48	19	67	32	told	4	8	12
10	saw	43	21	64	33	fell	6	5	11
11	took	42	20	62	34	learned	2	8	10
12	made	22	33	55	35	heard	6	3	9
13	became	12	34	46	36	wrote	3	6	9
14	began	19	19	38	37	hit	5	3	8
15	felt	19	19	38	38	woke	5	3	8
16	found	17	15	32	39	brought	4	3	7
17	left	18	13	31	40	drew	3	3	6
18	read	13	17	30	41	flew	5	1	6
19	bought	21	7	28	42	forgot	4	2	6
20	ran	24	4	28	43	built	2	3	5
21	stayed	21	5	26	44	drove	3	2	5
22	rode	17	7	24	45	grew	3	2	5
23	swam	15	6	21	46	spoke	2	3	5

	不規則動詞の過去形	2年生のスピーチ原稿	3年生のスピーチ原稿	Total
47	understood	3	2	5
48	dropped	2	2	4
49	hurt	1	3	4
50	kept	2	2	4
51	sang	3	1	4
52	broke	2	1	3
53	chose	2	1	3
54	fought	2	1	3
55	held	2	1	3
56	taught	2	1	3
57	threw	1	2	3
58	worked	2	1	3
59	blew	2	0	2
60	cost	2	0	2
61	cut	2	0	2
62	dived	2	0	2
63	lit	1	1	2
64	meant	0	2	2
65	rang	2	0	2
66	sat	0	2	2
67	sent	0	2	2
68	smelled	2	0	2
69	sold	1	1	2
70	spilled	0	2	2
71	stood	2	0	2
72	awoke	1	0	1
73	beat	1	0	1
74	bet	1	0	1
75	bound	1	0	1
76	dreamed	0	1	1
77	led	0	1	1
78	let	0	1	1
79	mistook	0	1	1
80	overcame	1	0	1
81	paid	1	0	1
82	quit	1	0	1
83	rose	1	0	1
84	sank	0	1	1
85	shook	0	1	1
86	shut	1	0	1
87	speeded	0	1	1
88	were	1	0	1
89	wore	1	0	1

表1-2　スピーチ原稿に出現した不規則動詞の過去形の数

	2年生のスピーチ原稿	3年生のスピーチ原稿
異なり語数	78	71
総合数	1,830	1,213

1-1　2年生と3年生との相違点

　表1-2の異なり語数,総語数が示すように,不規則動詞の過去形の異なり語数は2年生では78語,3年生では71語使用されています。さほど大きな相違は見られませんが,総語数を比較すると,2年生では1,830,3年生は1,213で3年生の方が総語数の使用回数が減っています。しかし,その分,3年生では過去分詞の総語数がかなり増え,表現の幅を広げていることがわかります（表2-2を参照して下さい）。

1-2　2年生と3年生との類似点

　表1-1を語彙指導の観点から見ると有益な情報が得られると思います。2年生と3年生のスピーチの両方に使われている不規則動詞の過去形は60語ありました。この60語は学習者の表現語彙として大切な不規則動詞の過去形と言えるでしょう。教科書による過去形の不規則動詞の導入時期あるいはそれ以降に指導するのが適切な語彙であると思われます。60語を以下に示します。

　　was, went, had, got, said, thought, came, did, ate, saw,
　　took, made, became, began, felt, found, left, read, bought,
　　ran, stayed, rode, swam, gave, caught, lost, put, met, slept,
　　won, knew, told, fell, learned, heard, wrote, hit, woke,

brought, drew, flew, forgot, built, drove, grew, spoke, understood, dropped, hurt, kept, sang, broke, chose, fought, held, taught, threw, worked, lit, sold（頻度順配列）

2 不規則動詞の過去分詞の出現状況

表2-1に，2年生と3年生のスピーチ原稿に出現する不規則動詞の過去分詞の出現状況を示します。各学年の欄の数字は，語の出現回数を表わしています。

表2-1　スピーチ原稿に出現した不規則動詞の過去分詞

	不規則動詞の過去分詞	2年生のスピーチ原稿	3年生のスピーチ原稿	Total		不規則動詞の過去分詞	2年生のスピーチ原稿	3年生のスピーチ原稿	Total
1	made	7	30	37	15	done	0	5	5
2	been	6	28	34	16	read	0	5	5
3	seen	3	22	25	17	set	3	2	5
4	broken	14	6	20	18	thought	0	5	5
5	said	2	18	20	19	become	1	3	4
6	born	2	12	14	20	dropped	0	4	4
7	written	2	12	14	21	shot	4	0	4
8	built	3	8	11	22	taken	1	3	4
9	heard	3	8	11	23	eaten	0	3	3
10	sold	1	10	11	24	lost	1	2	3
11	held	1	8	9	25	thrown	0	3	3
12	had	1	7	8	26	brought	1	1	2
13	gone	0	6	6	27	burned	0	2	2
14	known	1	5	6	28	come	1	1	2

	不規則動詞の過去分詞	2年生のスピーチ原稿	3年生のスピーチ原稿	Total
29	forgot	0	2	2
30	fought	0	2	2
31	found	1	1	2
32	given	0	2	2
33	kept	0	2	2
34	left	0	2	2
35	rebuilt	1	1	2
36	ridden	1	1	2
37	sung	0	2	2
38	taught	0	2	2
39	told	0	2	2
40	begun	0	1	1
41	bought	0	1	1
42	burnt	0	1	1
43	caught	0	1	1
44	chosen	0	1	1
45	cut	1	0	1
46	fallen	0	1	1
47	forecasted	0	1	1
48	forgotten	0	1	1
49	frozen	0	1	1
50	hidden	0	1	1
51	hit	0	1	1
52	learned	0	1	1
53	lighted	0	1	1
54	lit	1	0	1
55	overtaken	0	1	1
56	paid	0	1	1
57	reset	0	1	1
58	run	0	1	1
59	sent	0	1	1
60	spilled	0	1	1
61	spoken	1	0	1
62	stuck	0	1	1
63	stung	1	0	1
64	won	1	0	1
65	worked	0	1	1

表2-2　スピーチ原稿に出現した不規則動詞の過去分詞の数

	2年生のスピーチ原稿	3年生のスピーチ原稿
異なり語数	28	59
総語数	66	259

2-1　2年生と3年生との相違点

　表2-2の異なり語数,総語数が示すように,不規則動詞の過去分詞の異なり語数は2年生の28語から3年生では59語と増加しています。また,総語数も大きく増加しています。これは,3年生では,受け身や現在完了の学習が加わり学習の幅が広がったためと思われます。

2-2　2年生と3年生との類似点

　2年生と3年生のスピーチに共起する不規則動詞の過去分詞は22語でした。不規則動詞の過去形と同様に表現語彙として大切であると思われます。22語を示すと以下のようになります。

　　made, been, seen, broken, said, born, written, built, heard, sold, held, had, known, set, become, taken, lost, brought, come, found, rebuilt, ridden（頻度順配列）

3　1年間で伸びた語彙の数

　ここで,もう一度,第3章で示した2年生と3年生のスピーチ原稿に現われた語彙数を示したいと思います。表3の数字は49回生全員のデータをもとにしたものです。

　表3から,2年生の時のスピーチと3年生の時のスピーチとを比較し,語彙について学習の伸びを見てみると,異なり語数,総語数について言えば,2年生の時のスピーチよりも,3年生の時のスピーチのほうが伸びていることがわかります。しかし,総語数に対する異なり語数の割合は下がっています。

表3 2年生と3年生のスピーチ原稿の語彙サイズ

	全体	中学2年生の スピーチ原稿	中学3年生の スピーチ原稿
異なり語数	4,824	2,974	3,401
総語数	58,809	26,577	32,232
総語数に対する異なり 語数の割合（％）	8.20	11.19	10.55

　さて，ここで，個々の生徒に注目した場合も，生徒の異なり語数，総語数，総語数に対する異なり語数の割合について，学年の生徒の全体について述べたことと同じことが言えるでしょうか。

　現在，149人の生徒に対して，2年生の時と1年後の3年生の時のスピーチスクリプトの異なり語数，総語数，総語数に対する異なり語数の割合がわかっていますので，統計的手法を使って，個々の生徒の語彙について学習の伸びを調べてみました。その結果，異なり語数と総語数については3年生のスピーチ原稿で伸びていることが確かめられました。しかし，総語数に対する異なり語数の割合については伸びたかどうかは統計的に確かめることはできませんでした（日臺　2001）。

　中学生の書いた英文について書く力が伸びたかどうかを知ろうとするとき，たくさん書けていること（つまり「総語数」が多いということ）やいろいろな語彙を用いていること（つまり「異なり語数」が多いということ）を判断基準として考えてよいのかもしれません。

　もちろん，このような総語数や異なり語数といった数量的な基準だけでは十分とはいえないと思いますし，内容面の質的な基準を加味して判断したらよいと思います。

4 英語の得意な生徒と苦手意識を持った生徒

4-1 スピーチデータからみた相違点

　英語を得意としていると思われる生徒とどちらかといえば英語に苦手意識を持っていると思われる生徒のスピーチデータを比較することで、両者の相違点を明らかにし、苦手意識を持つ生徒が何を学習すれば英語力が伸びるかを調べてみたいと思います。

　英語を得意としていると思われる生徒として、S1、S2の生徒のスピーチスクリプトをみることにします。

　S1の生徒は、2年生の時スピーチコンテストのクラス代表者としてクラスから選出され、学年スピーチコンテストで優勝した生徒です。3年生の時にもクラス代表者に選ばれましたが、スピーカーとして参加してもらう代わりに司会をしてもらいました。

　S2の生徒は、2年生の時はスピーチコンテストのクラス代表者としては選ばれませんでした。3年生の時クラスから選出され、学年スピーチコンテストで優勝した生徒です。

　それに対して、S3、S4の生徒たちはどちらかといえば英語に苦手意識を持っていると思われる生徒たちで、学習が思うようにはかどらない生徒たちです。4人の生徒の異なり語数、総語数、総語数に対する異なり語数の割合を調べたのが表4です。

　まず、スピーチ原稿の総語数に焦点をあてて考察してみましょう。2年生の場合も3年生の場合も言えることですが、S1、S2の総語数がいずれもS3、S4より多いことがわかります。このことから、S1、S2のように英語を得意とする生徒は、あるトピックについてたくさん書けるのではないかと言えそうです。

　また、異なり語数についても、2年生の場合も3年生の場合も、

表4　4人のスピーチ原稿に出現した語数

	S1		S2		S3		S4	
	2年	3年	2年	3年	2年	3年	2年	3年
異なり語数	100	130	80	105	58	56	51	79
総語数	232	292	144	222	94	95	85	145
総語数に対する異なり語数の割合(%)	43.10	44.52	55.56	47.30	61.70	58.95	60.00	54.48

S1，S2の異なり語数がいずれもS3，S4より多いことがわかります。たくさんの語彙を知っているということは，その使い方も知っていると言えそうです。

4-2　接続詞からみた相違点

接続詞に注目して，4人のスクリプトを比較してみると表5のようになります。

3年生のS1，S2のスクリプトには接続詞の種類と数が多いことがわかります。接続詞の出現数の合計をみると，同学年のS3，S4の3倍以上も多いことがわかります。S3，S4の生徒にとって，まだ接続詞の意味や使い方については十分に定着していない段階であり，接続詞の意味や使い方の学習を補強することにより，今以上のスクリプトを書くことを期待できるのではないかと思います。スピーチの授業に取りかかる前の事前学習として，言語材料の1つとして接続詞を指導項目に取り入れておくのがよいと思います。

さて，S1の生徒は，2年生の段階でも3年生の段階でも接続詞の使用頻度が高く一定しています。

S2の生徒は，2年生の時は5回ですが，3年生の段階で17回

表5　4人のスピーチ原稿に出現した接続詞の分布

接続詞	S1		S2		S3		S4	
	2年	3年	2年	3年	2年	3年	2年	3年
and	0	5	2	7	0	3	2	1
because	1	1	1	2	0	0	1	1
but	5	3	1	0	0	0	0	0
if	2	0	0	2	0	0	0	2
or	0	0	1	1	0	0	0	0
so	3	1	0	0	1	1	0	0
that	1	2	0	1	0	0	1	0
(that)	4	1	0	2	0	0	0	0
when	0	3	0	2	0	0	0	1
while	0	1	0	0	0	0	0	0
出現数の合計	16	17	5	17	1	4	4	5

＊(that)は，I think they don't want to make lunch. などのように，接続詞 that が省略されたケースを表わす。

使用例が見られます。急激な使用頻度の伸びを示しています。

　S3の生徒は，2年生のスピーチで接続詞の so を1回使用し，3年生のスピーチでは and（3回），so（1回）の計4回，接続詞を使用し，接続詞の種類が2年生のときよりもわずかですが増えています。

　S4の生徒は，2年生の時に and（2回），because（1回），that（1回）使用しています。3年生のスピーチでは，さらに if（2回），when（1回）を使用し，接続詞の種類が2年生のときよりも増えています。

　苦手意識をもったS3，S4の接続詞の使用例はS1，S2に比

べ数こそ少ないのですが，2年生のときから学習の伸びが全く見られなかったわけではありません。S1，S2の生徒に比べ伸びが緩やかであると言った方がよさそうです。

4-3 主語の位置に現れる後置修飾からみた相違点

　主語の位置に現れる後置修飾に着目し，S1，S2，S3，S4のスピーチスクリプトを調べその出現数を調べると表6のようになりました。

　学習の進んでいるS1，S2でも主語の位置に現れる後置修飾については2年生の時のスクリプトにはみられませんでした。2年生の段階では，学習の進んでいる生徒にとっても主語の位置に後置修飾を用いるのは難易度が高いといえると思います。ところが1年後の3年生のスクリプトでは，S1では3例，S2では5例みられます。1年間の学習を通して後置修飾の構文を使用できるようになってきたことがわかります。ここで，S1とS2のスピーチスクリプトで主語の位置に現れた後置修飾の例を以下に示します。数字①〜⑤は表6にある後置修飾の種類を表します。

〈S1のスクリプト（抜粋）〉

　Please imagine a cash dispenser in a bank. The machine says, "Thank you very much." but do we answer the machine? Of course not and this isn't strange at all because ④ <u>the one speaking to us</u> isn't a man but a machine.

　⑤ <u>The reason why we don't say "Thank you." to the cashier</u> is that we think of her as a part of a cashing machine. For us, she isn't a human being, but just a machine.

　Sometimes the opposite is true. The other day ① <u>a young</u>

表6　4人のスピーチ原稿に出現した主語の位置に現れる後置修飾の分布

後置修飾の種類	S1		S2		S3		S4	
	2年	3年	2年	3年	2年	3年	2年	3年
①前置詞＋名詞による後置修飾	0	1	0	3	0	0	0	0
②不定詞による後置修飾	0	0	0	1	0	0	0	0
③関係代名詞による後置修飾	0	0	0	1	0	0	0	0
④現在分詞の後置修飾	0	1	0	0	0	0	0	0
⑤関係副詞による後置修飾	0	1	0	0	0	0	0	0
出現数の合計	0	3	0	5	0	0	0	0

cashier in Seven-Eleven didn't say anything to me. （以下省略）

〈S2のスクリプト（抜粋）〉

There are two parts of the brain. ① The left part of it forms language, and ① the right part of it forms images. It is said that ③ either of them which the person uses more often controls his nature.

There are ② many ways to know which part of the brain we often use. （中略）

I can't say this story is absolutely correct. Maybe ① some of you don't agree with the story. （以下省略）

苦手意識をもつS3, S4のスクリプトには，2年生のときも3年生のときも，主語の位置に現れる後置修飾はみられません。

まだ学習が主語の位置に現れる後置修飾を扱えるところまで到達していないように思われます。

S1,S2が主語の位置に現れる後置修飾という複雑な構文をどうして習得できるようになったのか,とても興味のあるところです。もし,その要因が掴めれば,S3,S4がどのようにしたらS1,S2のように複雑な構文を使用できるようになるのか参考になるかもしれません。今までの学習歴にそのヒントとなるようなことはないのかと思い,S1,S2の母親に話しをうかがってみました。

S1はかつて米国に4歳〜8歳まで滞在し,現地校に通っており,同年代の子供たちと比べると言葉の習得については早いほうであったとのことでした。かつて米国で聞き覚えた英語の記憶が背景としてあるのではないかということです。S1のスピーチは完全に自分の言葉として話していたことが印象的でした。

S2は塾へ通った経験はなく,英語の勉強といえば,毎日欠かすことなく『基礎英語』を聴取していたそうです。『基礎英語』を聞くことにより,教科書だけでは学ぶことのできないいろいろな英語の文章に接することができたこと,英語を聞くことに抵抗感がなくなったことがよかったそうです。また,ある時から英語の文章の組み立て方が楽になったとのことです。日頃から,家庭では興味のある話題について家族みんなで話すのだそうです。今回のスピーチは脳についてのものでしたが,これはNHKの脳に関するテレビ番組を見た後,脳のことが家族の話題としてのぼったことと関係があるようです。父親から勉強についてアドバイスをもらえるようですが,自分の書いた英語などについては習った範囲の英語で書いたらよいと言われたこともあるそうです。今回の実際のスピーチでは英語が自分のものになっている印象を受けました。

S2の場合は，そばに学習を支援してくれる人がいて，毎日欠かさず『基礎英語』を聞きつづけることが学習への伸びにつながっていると言えるかもしれません。S3，S4は家庭学習として『基礎英語』を聞く習慣がありませんでした。学習の伸びを促進する1つの要因として，毎日『基礎英語』を聞きつづけることがあげられるかもしれません。

5 話し言葉の文法的分析

　これまでは生徒たちのスピーチ原稿という書き言葉を文法面から分析を行ってきました。このセクションでは太田が担当した学年の内，5人の生徒を対象に，彼らが行ったALTとの一対一インタビューと生徒同士のペアワークという話し言葉のデータを文法面から分析し，生徒の発話がどのように変化してゆくのか調べてみます。取り上げる文法事項は，「接続詞」「代名詞」「Wh疑問文」「時制」です。

　なお，ここで取り上げた生徒たちのデータについては，第3章の後半を参照してください。

5-1 接続詞・代名詞の使用率の変化

　まず，接続詞・代名詞がどのくらい使われたのかを調べてみました。表7はS5〜S9の5人の生徒のうち何人が接続詞と代名詞を使ったかを表したものです。

　表7で明らかなのは，接続詞・代名詞とも，Data 1〜Data 4までより，Data 5以降によく出現していることです。接続詞の出現率はData 1からData 4が14%，Data 5からが38%です。また代名詞の出現率はData 1からData 4が25%，Data 5から

表7 接続詞・代名詞を使用した人数（数はその語を1回でも使った人数）

	接続詞				代名詞		
	and	but	so	because	主格	所有格	目的格
Data 1		1			1	1	1
Data 2	2			1	1		2
Data 3	1	1		1	1		1
Data 4		2	1	1	1	3	3
Data 5	3	3	2	3	4	3	2
Data 6	2	3	1	2	4	2	1
Data 7	1	1		1	4	1	1
Data 8		3	1	4	3	3	1
Data 9	2	2	1	3	2	2	1

＊接続詞は重文，複文として使われた場合のみをカウントする。
＊主格は I, you を除く。所有格は your を除く。
＊主語の it を決まり文句として使っている場合(例：It's fun. など)は除く。

が45％です。ということは生徒たちが Data 5，つまり 2 年生の 3 学期から接続詞，代名詞を使えるようになったということです。これは，第 3 章の spontaneous なスピーキングの分析結果と同様に，2 年生の 2 ～ 3 学期頃に生徒の英語力が伸びてゆくターニングポイントがあると予想されるデータだと思います。

さらに特徴的な S 8，S 9 の場合を見てみましょう。

表 8，9 の通り，Data 4 まではほとんど使用していなかった接続詞・代名詞を Data 5 から使うようになってきています。（同様に S 7 も Data 4 までは接続詞 but と所有格の代名詞を各 1 回使用したのみに止まっています。）

表8 S8の接続詞・代名詞の使用回数

	接続詞				代名詞		
	and	but	so	because	主格	所有格	目的格
Data 1							
Data 2							
Data 3							
Data 4							
Data 5	1	4	1	2	1	3	
Data 6		1		1	1		
Data 7							
Data 8		1		1	1	1	
Data 9				1			

表9 S9の接続詞・代名詞の使用回数

	接続詞				代名詞		
	and	but	so	because	主格	所有格	目的格
Data 1							
Data 2							
Data 3							
Data 4						1	1
Data 5					1		
Data 6					2		
Data 7					1		
Data 8		1		1	3	2	
Data 9			4	1	1	1	1

たとえば，S 8 は Data 5 で次のように接続詞 but, because を使いました。

> Partner：I'm hungry. Did you go to, did you go to sh, suri, shrine?
> S 8：Shrine. I didn't go shrine, but I go, I, I want, I want to *Kokuritsu Kyogijyo*, because I watched *Tennohai*. I like soccer. Do you like soccer?

さてどうして急に接続詞・代名詞を使うようになったのでしょうか。接続詞・代名詞を使えるようになったというのはどういうことでしょうか。

接続詞・代名詞を使うということは，話すときに単文だけでなく，さらに話そうとする意識や余裕が生まれ，「2つ以上の文がつながった1つのまとまりの単位」で発話できるようになったということと考えられるのではないでしょうか。接続詞・代名詞のほとんどは1年生の時期に習うのですが，実際に使えるようになるまでには時間がかかるということがわかります。

5-2 Wh疑問文の使い方の変化

次に Wh 疑問文の使い方の変化に焦点をあてて，会話データを調べてみました。接続詞・代名詞と同じように，ある時点になると使われるようになるのでしょうか。表10は5人の生徒が Wh 疑問文をどれだけ，どの程度正確に使ったかを示すデータです。

表10をみると，Wh 疑問文はある時点から使われるようになるということはなさそうです。それよりこの表からは次のことが読み取れます。まず正確に使っている割合（accuracy rate）が

Data 5と8を除いて高いことです。なぜ高いのでしょうか。1人1人のWh疑問文の使用例を見てみると，その原因の1つとしてWh疑問文を決まり文句（formulaic expressions）のように使っていることが考えられます。つまり授業中にハンドアウトなどを通して教えたWh疑問文をそのまま使っているのです。その教えた疑問文をそのまま使った割合は表11の通りです。

表10 Wh疑問文の使用回数・誤りの回数と正答率

⟨S5⟩

	使用回数	誤りの回数	正答率
Data 1	1	0	100
Data 2	5	0	100
Data 3	0	0	0
Data 4	3	1	67
Data 5	3	1	67
Data 6	3	1	67
Data 7	2	0	100
Data 8	0	0	0
Data 9	5	1	80

⟨S6⟩

	使用回数	誤りの回数	正答率
Data 1	2	0	100
Data 2	4	0	100
Data 3	2	1	50
Data 4	4	0	100
Data 5	3	1	67
Data 6	3	1	67
Data 7	4	1	75
Data 8	0	0	0
Data 9	4	0	100

⟨S7⟩

	使用回数	誤りの回数	正答率
Data 1	1	0	100
Data 2	12	5	58
Data 3	3	1	67
Data 4	6	1	83
Data 5	5	1	80
Data 6	2	0	100
Data 7	1	0	100
Data 8	2	2	0
Data 9	8	3	63

⟨S8⟩

	使用回数	誤りの回数	正答率
Data 1	2	0	100
Data 2	3	1	67
Data 3	2	0	100
Data 4	3	1	67
Data 5	4	2	50
Data 6	2	0	100
Data 7	3	1	67
Data 8	1	0	100
Data 9	2	0	100

〈S 9〉

	使用回数	誤りの回数	正答率
Data 1	0	0	0
Data 3	1	0	100
Data 4	4	1	75
Data 5	3	2	33
Data 6	1	1	0
Data 7	1	0	100
Data 8	1	1	0
Data 9	1	0	100

＊Data 2 はなし。

〈全体〉

	使用回数	誤りの回数	正答率
Data 1	6	0	100
Data 2	24	6	75
Data 3	8	2	75
Data 4	20	4	80
Data 5	18	7	61
Data 6	11	3	73
Data 7	11	2	82
Data 8	4	3	25
Data 9	20	4	80

表11 決まり文句として Wh 疑問文を使った割合

	Data 1〜4	Data 5〜9
S 5	75%	42%
S 6	64%	42%
S 7	64%	82%
S 8	75%	55%
S 9	100%	100%

やはり高い割合で決まり文句として Wh 疑問文を使っていることがわかります。この表11からもう1つ考えられることは、S7を除いて Data 5〜9 の方が決まり文句として使った割合が低くなっていることです（S 9 は割合が変わっていません）。決まり文句として Wh 疑問文を使う割合が減ってきたということは，

だんだん自分で疑問文を作ってゆけるようになっていると考えられます。そのため自分で文を作ってゆく過程で，間違える割合も増えるのではないでしょうか。

そこで Data 5 と 8 の正答率はなぜ低いかを調べてみました。Data 5，8 でそれぞれの生徒が間違えた Wh 疑問文は以下の通りです。

〈Data 5 で生徒が間違えて使った Wh 疑問文〉
    S 5：How many, how much did you *otoshidama*?
    S 6：What did you see to play?
    S 7：Mm, why do you go to Hyogo?
    S 8：What did you watch movie?
       ：Oh, where did you go restaurant?
    S 9：What did you went to?
       ：What did you think?
〈Data 8 で生徒が間違えて使った Wh 疑問文〉
    S 5：Wh 疑問文を使っていなかった
    S 6：Wh 疑問文を使っていなかった
    S 7：Which do you like better, *andango*, *shoyudango*, or *kinako*?
       ：Why do you know?
    S 9：Do, do you like better, cat or dog?

上の使用例から見ると，やはり生徒はハンドアウトなどで与えられた決まり文句としての Wh 疑問文の使用から一歩発展して，自分で Wh 疑問文を作るようになり，その過程で間違え，その結果として正答率が下がったと言えるのではないでしょうか。

ここまでの分析をまとめると，生徒たちは授業中に教えられた

Wh疑問文を決まり文句としてそのまま使用する段階から、教えられたWh疑問文の決まりをもとに自分で新たな疑問文を作る(rule-governed)段階へと移行してゆく様子がうかがわれます。

5-3 「What＋名詞」疑問文の使用状況の変化

Wh疑問文をさらに詳しく見てみました。Wh疑問文の内、「What＋名詞」疑問文の使用の様子です。

表12 「What＋名詞」疑問文の使用状況と正答率

	S5		S6		S7		S8		S9	
Data 1	1	100	2	100	1	100	2	100		
Data 2	2	100	2	100	9	56	2	100		
Data 3			1	100	1	100	1	100		
Data 4			2	100	3	100	1	100	1	100
Data 5					3	100	1	0	1	100
Data 6	1	100	1	100	2	100	1	100	1	0
Data 7			2	50	1	100	2	100		
Data 8							1	100		
Data 9			3	100	4	50				
Total	4	100	13	92	24	75	11	91	3	75

＊各自、左の欄が使用した回数、右が正答率（％）

正答率を見ると相対的に高いことがわかります。低いS7、S9にしても全体では75％です。この高い原因はなぜでしょうか。各生徒の「What＋名詞」疑問文の発話データを見てみます。（○は正しく使ったという印。×は間違って使ったという印。）

⟨S5⟩

Data	発話した文
Data 1 ○	By the way **what sports do you like?**
Data 2 ○	**What else did you do?**
Data 2 ○	Oh, what soft did you buy?
Data 6 ○	**What kind of music do you like?**

＊S5は間違えませんでした。

⟨S6⟩

Data	発話した文
Data 1 ○	What music do you like?
Data 1 ○	What singer do you like?
Data 2 ○	**What else did you do?**
Data 2 ○	What story?
Data 3 ○	**What else did you do?**
Data 4 ○	**What color do you want to buy?**
Data 4 ○	**What size do you want?**
Data 6 ○	What song do you like?
Data 7 ○	What song do you sing?
Data 7 ×	Oh, what song he sings?
Data 9 ○	**What else did you do?**
Data 9 ○	What kind of food do you like?
Data 9 ○	What kind of yoghurt do you like?

＊S6はData 7でdoesを抜かしてしまったミスを1つしました。

⟨S 7⟩

Data		発話した文
Data 1	○	Oh, what do you, **what kind of music do you like?**
Data 2	×	What did you CD?
Data 2	×	What did you CD?
Data 2	×	What, What did you, what did you, basketball?
Data 2	○	**What else did you do?**
Data 2	○	**What else did you do?**
Data 2	○	**What else did you do?**
Data 2	○	Ah, **what else did you do?**
Data 2	×	What is CD?
Data 2	○	**What program did you watch?**
Data 3	○	**What else did you do?**
Data 4	○	What color do you want to, **what brand do you want to buy?**
Data 4	○	What color do you, **why do you want to buy?**
Data 4	○	What, what, what, **what color do you want to buy?**
Data 5	○	Oh, what channel, **what program did you watch?**
Data 5	○	**What else did you do?**
Data 5	○	**What else did you do?**
Data 6	○	**What kind of music do you like?**
Data 6	○	What, **what kind of music?**
Data 7	○	What, what, what do you like, **what kind of music do you like?**
Data 9	×	What do you like subject?
Data 9	○	**What else did you do?**
Data 9	○	**What else did you do?**
Data 9	×	What Golden Week?

* S7は5人の中で最も多くWhat＋名詞の疑問文を使いました。What＋助動詞＋主語＋動詞＋名詞（例：What do you like subject?）のミスが目立ちました。

⟨S8⟩

Data		発話した文
Data 1	○	×××, what time do you get up?
Data 1	○	×××, what, what time do you, do you, do you have breakfast?
Data 2	○	**What else did you do?**
Data 2	○	Oh, **what program did you watch?**
Data 3	○	Mm, **what else did you do?**
Data 4	○	**What brand do you like?**
Data 5	×	What did you watch movie?
Data 6	○	What singer do you like?
Data 7	○	**What kind of music do you like?**
Data 7	○	Yes, oh, oh, um, what singer do you like?
Data 8	○	×××, **what sports do you like?**

＊S8はミスが1つだけでした。

⟨S9⟩

Data		発話した文
Data 4	○	Oh, **what brand do you like?**
Data 5	○	**What else did you do?**
Data 6	×	What do you like L'Arc-en-Ciel's song?

＊S9はWhat＋名詞の疑問文の発話回数が3回と少なかったのが特徴です。

　上記発話データの内，太字になっている文は，授業中にハンドアウト等で決まり文句として教えた疑問文です。Wh疑問文の使用と同じように決まり文句としてWhat＋名詞の疑問文を使って

いることが正答率の高さの原因になっています。また間違えた文をよく見ると，次の例のように語順を間違えていることがわかります。

　　S7：What did you CD? (Data 2)
　　　：What do you like subject? (Data 9)
　　S8：What did you watch movie? (Data 5)
　　S9：What do you like L'Arc-en-Ciel's song? (Data 9)

　さらに間違えた文を別の角度から見てみるとS7, S8, S9は名詞のところに自分で考えた名詞を使ったときに間違えたことがわかります。ところがS5, S6は自分で考えた名詞（例：soft, story）を入れても間違えていないことがわかります。

　ということは生徒の能力が発達してゆくと，S5, S6のように自分で考えた名詞を使った「What＋名詞」疑問文を作れるようになってゆくように思えます。つまり最初は決まり文句として使っている段階から，だんだん自分で文を作る段階になってゆくのではないでしょうか。S7, S8, S9が自分で考えた名詞を使って間違えているのは，決まり文句使用の段階から自分で文を作る段階へと1つ進んでいると考えることができます。

5-4　時制（現在形，過去形，未来表現）

　最後に時制の使用状況を見てみたいと思います。まず，正答率を見てみましょう。

5.4.1　正答率の変化

　次の表13は5人の使用回数(O)，間違えた回数(E)，正答率(A)です。

表13 時制の使用に関する正答率

⟨S5⟩

Data	Present			Past			Future		
	O	E	A	O	E	A	O	E	A
Data 1	13	0	100						
Data 2	17	0	100	12	1	91.67			
Data 3	13	0	100	4	2	50			
Data 4	15	0	100				1	0	100
Data 5	3	0	100	21	2	90.48	2	0	100
Data 6	16	0	100						
Data 7	19	0	100						
Data 8	21	0	100	6	1	83.33	1	0	100
Data 9	18	0	100	15	0	100			

O：使用回数，E：間違えた回数　A：正答率

⟨S6⟩

Data	Present			Past			Future		
	O	E	A	O	E	A	O	E	A
Data 1	6	0	100						
Data 2	13	0	100	12	1	91.67			
Data 3	6	0	100	5	1	80			
Data 4	19	2	89.47				1	0	100
Data 5	6	0	100	8	1	87.5			
Data 6	16	0	100	5	0	100	1	1	0
Data 7	13	0	100	2	1	50			
Data 8	6	0	100	2	0	100	1	0	100
Data 9	10	0	100	8	1	87.5			

⟨S 7⟩

Data	Present			Past			Future		
	O	E	A	O	E	A	O	E	A
Data 1	11	0	100						
Data 2	9	0	100	17	2	88.24			
Data 3	6	0	100	5	0	100			
Data 4	16	0	100	1	0	100	2	0	100
Data 5	10	0	100	16	3	81.25			
Data 6	13	0	100	1	1	0			
Data 7	17	1	94.12						
Data 8	10	0	100	4	2	50			
Data 9	6	0	100	13	6	53.85			

⟨S 8⟩

Data	Present			Past			Future		
	O	E	A	O	E	A	O	E	A
Data 1	9	0	100						
Data 2	11	0	100	8	1	87.5			
Data 3	3	0	100	7	1	85.71			
Data 4	11	0	100	2	1	50			
Data 5	15	0	100	15	4	73.33			
Data 6	12	0	100	2	1	50			
Data 7	11	0	100						
Data 8	19	0	100						
Data 9	17	0	100	4	0	100			

⟨S9⟩

Data	Present			Past			Future		
	O	E	A	O	E	A	O	E	A
Data 1	7	0	100						
Data 2									
Data 3	5	0	100	3	0	100			
Data 4	5	0	100				2	0	100
Data 5	10	0	100	9	0	100			
Data 6	11	0	100						
Data 7	9	0	100	1	0	100			
Data 8	13	0	100						
Data 9	9	0	100	9	0	100			

表の空欄は使っていないことを表します。

　表13からは，まず「過去形にすべきところを現在形にする」という間違えが圧倒的に多かったことがわかります（89.2％）。しかしそれ以外の正答率にはっきりした傾向は見られません。たとえば，だんだん上がるとか，下がってゆくなど決まった傾向が見られません。だんだん間違えない率（正答率）が増えてゆくと思いましたが，どうもそうではないようです。

　ただ全体として言えることがあります。それは，Data 2（「先週の日曜日に何をしたのか」について話そうというタスク），Data 5（「冬休みしたこと」について話そうというタスク），Data 9（「Golden Week にしたこと」を話そうというタスク）の過去のことを話すデータでは他のデータより正答率が高いことです。これは「過去のことを話すときは過去形を使い，そうでない時はそれ以外の時制を使う」という使い分けが，各自の中ではっ

きしているので間違えが少ないのかもしれません。

　個人別ではＳ9の正答率100％という数字にびっくりします。これは間違えなかったということですごいことです。これはなぜでしょうか。1つは現在形，過去形を使用した数が他の生徒に比べて圧倒的に少ないことです。これはこれを言わなくてはいけないというタスクではなく，自分の言えることを話そうというタスクが影響しているかもしれません。

5.4.2　時制（現在形，過去形，未来表現）の使用状況

　表13は時制の使用状況も明らかにしています。Ｓ5，Ｓ6，Ｓ7はwillを使った未来表現を使っていますが，Ｓ8，Ｓ9は一度も使っていません。未来表現は2年1学期（Data 3と4の間）に習ったのですが，なかなか使うことができないようです。やはり習ったものはすぐ使えるようになるということはなさそうです。

　未来表現を使った3人の内容を見てみると面白いことがわかります。それはWh疑問文のところで書いたように，授業でのハンドアウトに載っている未来形の文をそのまま使う段階から，自分で未来表現を使った文を作る段階へと変わってゆくことです。

　〈Ｓ7の場合〉
　Ｓ7：I'm sorry. What will you buy for Christmas?
　P（Partner）：Er, I won't buy anything.

(Data 4)

　P：What will you buy for Christmas?
　Ｓ7：Ah, (.) my parents?
　P：Yes.
　Ｓ7：I won't buy anything.

(Data 4)

S7のこの発話は2つとも授業中にハンドアウトで教えた文をそのまま使っています。そしてこの後，S7は未来表現を使った発話はありませんでした。ということは未来表現を使うという段階にはS8，S9同様，S7はまだ達していないのかもしれません。

〈S5の場合〉
　S5：What will you buy for Christmas for your parents?
　P：Nothing special.

(Data 4)

　S5の発話は授業中にハンドアウトで教えた文に for your parents を加えたものです。したがって，教えた文をほぼそのまま使ったと言えるかもしれません。

　S5：Me. too. I got about 4000 yen and a little. I saved three thousand, thirty thousand yen in the bank. Oh and I will buy MD / CD player with my sister.

(Data 5)

　この例は授業で習った文ではなく，明らかにS5は自分で文を作っているのがわかります。しかも過去のことを話してから，最後に未来のことを話していて，見事に時制を使い分けているのがわかります。

〈S6の場合〉
　S6：What will you buy for Christmas?
　P：Mmm, I want to buy PHS for Christmas.（以下省略）

(Data 4)

S7同様この発話は授業中にハンドアウトで教えた文をそのまま使っています。ところがこの後の発話は明らかに違っています。

S6: I'm going to America. (Data 8)

授業でのハンドアウトに載っている未来形の文をそのまま使う段階から、自分で未来形を使った文を作る段階へと変わってゆくことがS5, S6の発話を通してみることができます。

6 まとめ

この章では、文法面からみた intake について調べてみました。具体的にはスピーチ原稿で使用された不規則動詞の過去形と過去分詞の頻度について調べました。次に、英語を得意とする生徒とそうでない生徒の学習の伸びについて、異なり語数と総語数、接続詞の種類とその頻度、主語の位置に現れる後置修飾の観点から調べました。

また、書き起こした会話データをもとに、接続詞、代名詞、Wh疑問文、時制の観点から学習者の習得過程を調べました。

この結果について、おおよそ以下のようなことが見えてきたと思います。

(1) 不規則動詞について
① スピーチ原稿で使用された不規則動詞の過去形と過去分詞を調べてみると、不規則動詞の過去形として60語、不規則動詞の過去分詞として22語が特に大切な語であることがわかった。

(2) 英語の得意な生徒とそうでない生徒との学習の伸びについて

① 英語を得意とする生徒は，そうでない生徒に比べ，接続詞の種類もその使用頻度も多い。苦手意識を持つ生徒の学習の伸びは，停滞しているかのように見えるが，かなり緩やかではあるが伸びてゆく。
② 英語を得意とする生徒でも2年生のスピーチでは主語の位置に現れる後置修飾はみられない。3年生になって使用され始めた。

(3) 接続詞・代名詞
① ある段階（Data 5，2年3学期）から使用が著しく増える。

(4) Wh疑問文
① 正しく使われている。（正答率が高い。）
② 授業で習ったWh疑問文をそのまま使う段階から，自分で文を作る（rule-governed）段階へ変わってゆく。

(5) 時制（現在形，過去形，未来表現）
① 未来表現を使うことは難しい。使う段階も習った文をそのまま使う段階から自分で文を作る段階へ変わってゆく。

　上記のまとめは，ある学年の生徒の中から数人を抽出し，その数人の活動データを追いながら分析し調査したものです。すべての生徒の活動データを分析したものではありませんが，特徴的な生徒の活動データを追うことで，おおよその傾向を知ることができたように思います。今後より多くの生徒の活動データについても調査してゆきたいと思います。

6 会話の持続力からみた input と intake との関係

1 はじめに

　ここまでは，生徒たちの intake を語彙や文法面から見ました。どの段階で，どのような語彙を使うようになっていくのか，どの程度習った文法事項を使っていくようになるのかという点がわずかながらでも見えてきました。

　この章では少し観点を変えて，中学1年から3年まで教えた生徒たちにどのような input を与えたか，そして生徒たちがどのような intake をしたかを「会話の持続力」の観点から見ていきたいと思います。

　まず，どのような input を与えたかということですが，input としては教科書，授業中に配ったハンドアウト，家で聞くことをすすめた NHK『基礎英語』があげられます。それぞれの input の内容については第2章を見てください。

　分析の対象にした学年(太田が担当した51回生)は，量を追求した学年でした。聞く活動では，教師の話す英語をできるだけ聞く機会を与えました。話す活動では "Keep the conversation going." を合言葉に，できるだけ会話を続ける活動をしました。読む活動では普段使っている教科書以外に，他の教科書ややさしいサイド・リーダーを読む機会を2年生から学期に1度くらい行いまし

た。書く活動では2年生の5月から学期に1,2度コンピュータを使って100語から200語をめざして書く活動を行いました。

このように量にこだわった学年の生徒たちが，どのように会話を持続できるようになったかを intake の観点から見てみたいと思います。

2 Intake からみた会話の持続力

生徒たちの会話の持続力はどう伸びてゆくのでしょうか。または伸びていかないのでしょうか。ここでは5人の生徒を取り上げ，彼らが話す活動でどのような発話をしたのかを「会話の持続力」に関連した観点から分析してみました。

実際に分析して，ここまでにおおよそわかったことは次の5つでした。

(1) 発話が「単文単位」から「2つ以上の文がつながった1つのまとまりの単位」で話すようになる。
(2) 質問に答えた後，1文（または1文以上）付け加えることができるようになる。
(3) 「決まり文句」(formulaic expressions) の使用から，それをもとにして「自分でルールを認識し，文を作っていく」(rule-governed) ようになる。
(4) 相手の話したことに合わせて，話すようになる。
(5) 文をつないで自分が少しでも長く話そうとする（turn を長く維持しようとする）ようになる。

具体的な分析に入る前に，前にも述べましたが，まず取り上げた5人の生徒たちについてふれておきます。

3 分析対象の生徒たち

ここで分析した生徒たちは5名，S5, S6, S7, S8, S9です。

S5は学年の英語の成績が上位の生徒で，授業にとてもまじめに参加する生徒でした。話す際は，いい発音をして，できるだけ多く話そうとする様子が見えました。

S6も上位の生徒で，授業中に先生の言うことを聞き逃さないぞという表情がとても印象的でした。英語には興味を持っていて留学したいという希望を持っていました。話す活動では積極的で，一方的に話すだけではなく，うまく聞き手にまわったり，友達とおしゃべりを楽んだりしている様子でした。

S7は中位の生徒で，授業中はその発言でクラスを盛り上げることのできるクラスの人気者でした。話す活動のスキットやShow & Tellではユーモアを入れ，友達を笑わせていました。話好きな明るい生徒でした。

S8は下位の生徒で，英語が不得意だと感じていましたが，まじめに取り組む生徒でした。話す活動は友達に対して習った表現を使って質問したり反応したりしていました。

S9も下位の生徒で，ふだんはお喋り好きな生徒でした。人前では英語を話すことは苦手な生徒ですが，小人数になるとよく話しました。話す活動では自分の好きな話題になると，その話題の単語を使って，いきいきと話していました。

4 分析に使ったデータ

今回は会話の持続力という観点から，次の2種類のデータを分析に使いました。

1つはALTと生徒と一対一で行うinterviewです。世田谷中学校では中学1年，2年の各学期末に行っています。生徒たちは1人ずつ，ALTの待つ部屋に行きます。挨拶をした後，生徒はまず質問をして，ALTがそれに答えます。その後の流れは決まっていません。つまりどちらの役割（質問する人，答える人）も決まっていません。その場に応じて話しているトピックについて話を続けたり，別のトピックでALTが質問をしたり答えたり，生徒が質問したり，答えたりしながら会話を2～3分間行うものです。

　以下はinterviewの出だしの部分です。（なお，中学1年11月と中学2年3月に行ったinterviewでS8が実際に発話したデータを〈巻末資料〉として掲載しました。）

　　T（Teacher）：Good morning.
　　S（Student）：Good morning, ×××.
　　T：How are you today?
　　S：I'm cold.
　　T：Me, too. Very cold and sleepy.
　　S：Oh, (3.0) what did you do yesterday?
　　T：Yesterday? Yesterday was Tuesday.
　　S：Oh.
　　T：Yesterday morning I taught English in ×××. Then I went to ××× ward office and ××× ward office.
　　S：I watched TV. I watched figure skate in Tokyo.
　　T：Ah, OK. Yeah.
　　（以下省略）

　もう1つは生徒2人のpair workです。生徒たちはその場で

話すテーマ（たとえば「先週したことについて友達と話そう。」）が教師から与えられ，それに基づいて会話を3分から5分間行うものです。この活動も会話の流れや役割が決まっていません。

以下は「音楽」についての2人の生徒（A，B）との会話の出だしの部分です。

 A：What do you want to buy now?
 B：Ah, so I want (.) I want to buy (.) buy (.) new shoes.
 A：What brand do you want to buy? A shoes?
 B：(3.0) Ah, I want to buy Nike's shoes.
 A：Do you like Nike?
 B：Yes, of course.
 A：What color do you like?
 B：I like white color.
 A：Really?

分析に使った interview と pair work のデータの録音時期と内容は以下の通りです。

〈Data 1（interview）〉中学1年11月 ALT との interview
〈Data 2（pair work）〉中学1年2月「先週の日曜日に何をしたのか」についての友だちとの会話
〈Data 3（interview）〉中学1年3月 ALT との interview
〈Data 4（pair work）〉中学2年11月「Shopping」についての友だちとの会話
〈Data 5（pair work）〉中学2年1月「冬休みにしたこと」についての友だちとの会話
〈Data 6（pair work）〉中学2年1月「音楽」についての友

だちとの会話（その1）

〈Data 7（pair work）〉中学2年1月「音楽」についての友
　だちとの会話（その2）

〈Data 8（interview）〉中学2年3月 ALT との interview

〈Data 9（pair work）〉中学3年5月「Golden Week にした
　こと」についての友だちとの会話

＊S9に関しては Data 2 はありません。

5 「会話の持続力」の伸び

　それでは上記のデータを使い，生徒の会話の持続力がどのように伸びていったか，または伸びていかなかったかを，以下の観点から分析してみたいと思います。

① ポーズ
② 発話の機能
③ 話す場面での自分の順番（turn）

5-1 ポーズの取り方からみた英語力

　話している際は，よどみなく話すのではなく，ポーズをとって話しています。このポーズを取る位置や，取る回数に変化が現れました。

5.1.1 ポーズの位置の変化

　ポーズはどのようなときに取るのでしょうか。大きく2つ考えられます。1つは相手の質問に答えられずに取ったり，自分が何と言っていいかわからずに取る場合です。もう1つは次に何を言うか考える場合です。

発話する際にどこにポーズを取るのかにも特徴が現れています。表1はそれぞれの生徒が文のどの位置でポーズをとったかを表しています。

表1 ポーズをとった位置の変化

	Data 1〜4		Data 5〜9	
	文の最初	それ以外	文の最初	それ以外
S5	5 (83%)	1 (17%)	6 (50%)	6 (50%)
S6	2 (50%)	2 (50%)	0 (0 %)	1 (100%)
S7	11 (92%)	1 (8 %)	3 (75%)	1 (25%)
S8	16 (100%)	0 (0 %)	7 (47%)	8 (53%)
S9	5 (71%)	2 (29%)	3 (43%)	4 (57%)

＊数字はポーズを取った回数，パーセントはポーズ全体の回数の内の割合
＊文の最初は，自分の会話の順番（turn）での最初の1，2語の後に取ったポーズ
＊3秒以上の間をポーズとした。
＊Well, Er などの間投詞を言いながらポーズをとっている場合も3秒以上は1ポーズとして数えた。

表1を見ると，まず Data 1 から4 では，どの生徒も自分の会話の順番（turn）が来ると，その最初（最初の1，2語の後）にポーズを取っていたことがわかります。どうして最初にポーズを取ったのでしょうか。生徒たちのポーズの内容を見ると，主に次の2つのことが原因であることがわかります。

第1に相手の質問に答えられずにポーズを取ってしまったケースです。下はS8の例です（（　）内の数字はポーズの長さ（秒）を表します）。

P (Partner)：Is it cheap or expensive?
　S 8：Mm, (4.0) very nice question.

(Data 4)

　第2にWh疑問文が作れずにポーズを取ってしまったケースです。次はS7の例です。

　S 7：What, (3.6), what, what color do you want to buy?
　P：I want to buy black T-shirt.

(Data 4)

　ところがData 5から9では，文の最初からだんだん文の途中でポーズを取るようになってきたことがわかります。このポーズの内容を詳しく見ると，答えた後にさらに発話するため，つまり会話を持続するために，重文・複文の途中でポーズを取っていたことがわかります。S8の例で見てみましょう。

　S 8：But I, I, I got a present from my grandmother. Ah (2.0) it is Dream Cast.　　　　　　　(Data 5)

　このようにポーズの位置が変化してきたということは，ポーズの質が変わってきたと考えられるのではないでしょうか。つまり単文だけの発話から「2つ以上の文がつながった1つのまとまりの単位」で発話をしようとしている意識や能力がついてきたことが，ポーズの位置を変えたのではないかと考えられます。これは会話を持続しようとする1つの特徴だと思います。

5.1.2 ポーズの回数の変化

ポーズを取った回数（ポーズの量）はどう変化していったのでしょうか。表2を見てください。

表2　ポーズを取った回数の変化

	Data 1～4	Data 5～9
S5	6	12
S6	4	1
S7	12	4
S8	16	15
S9	7	7

この表2からはとてもおもしろいことがわかります。普通に考えると，生徒はだんだんよどみなく話すようになり，それにしたがってポーズをとる回数は減るのではないかと考えられます。S6やS7は確かに大幅に回数が減っています。

ところがS8，S9はほとんど回数が変わりません。またS5は回数が倍に増えています。S5は前に書いたように上位の生徒です。これはなぜでしょうか。1人1人見てみたいと思います。

〈S9の場合〉
　P：Where does your grandmother live?
　S9：Their, their, live in ×××.
　P：×××.
　S9：Yes, (9.7) ××× is very beautiful city.
　P：（だまっている）
　S9：何かしゃべって。Mmm, (15.0) I, I was free.
　　　　　　　　　　　　　　　　　　　　　　　(Data 9)

ここでのＳ９が取ったポーズは自分の答えにさらに追加して情報を加えようするためのポーズや，パートナーが話さないので何とか会話を続けようとして文を考えるために取ったポーズです。これはＳ９がData 1から4までで取っていたポーズ（相手の質問に答えられなかったり，疑問文が作れなかったポーズ）とは明らかに質が違ってきています。

〈Ｓ８の場合〉

　Ｐ：What musician, what other musician do you like?
　Ｓ８：I like TM Revolution. (4.3) TM Revolution is very very very (4.4) interesting band. What do you think about TM Revolution?

(Data 9)

　ここでのＳ８のポーズも自分の答えにさらに追加して情報を加えようするためのポーズであることがわかります。

〈Ｓ５の場合〉

　Ｐ：Who is your favorite player?
　Ｓ５：Well (5.7), I don't have (3.6) I have no favorite player, but I think Hidetoshi Nakata is very good soccer player. He is very cool head.

(Data 9)

　ここでのＳ５は好きなサッカー選手がいなかったので，それをどう答えようかと考えるためにポーズを取りました。つまり自分で文を作るためにポーズを取ったのです。これも明らかにポーズの質が変わってきたことを表しています。

ポーズの回数は一般に減ってくると考えられますが、その内容を見てみると、回数は減らなくても（増えても）、質が変わってゆくことがわかります。その質の内容は、文をつないで少しでも話そうとすること、つまり会話を持続させるために起こっていることがわかります。

5-2 発話の機能からみた英語力

発話の機能の点から見ると何か変化は見えるでしょうか。5人の生徒たちの発話を次の観点から分析してみました（観点はOta (2001) に基づきました）。

(1) Initiation（自分から話し始める）
  ① a question（質問文で話し始める）
  ② a statement（肯定文・否定文で話し始める）
(2-1) Answers to questions（質問に答える）
(2-2) Elaboration in answers to questions（質問に答えた後、さらに付け加えて話す）
(3-1) Follow-up
  ① questions（相手の答えに対し、さらに続けて質問をする）
  ② statements（相手の答えに対し、さらに続けて肯定文・否定文を話す）
(3-2) Elaboration in a follow-up statement（3-1②で話した後、さらに付け加えて話す）
(4) Asking back（相手からの質問に答えた後、同じ質問を相手にする）
(5) Back channeling（相手の発話に対し、Really? などと反

応したり，相手の発話の一部（または全部）を繰り返す）
(6) Others（その他）

以下は1人1人の発話を分析した結果です。

表3　spontaneous な会話に現れた発話の機能
〈S5の発話機能〉

	発話の機能								
	1		2-1	2-2	3-1		3-2	4	5	6
	①	②			①	②				
Data 1	2	1	6	3		5	1	2	5	
Data 2	2		6	3	7	5	1	2	6	1
Data 3	2	2	1	1		6	1	2	2	1
Data 4	1		4	4	4	1	1	1	12	3
Data 5	1		6	5	3	3	1	1	6	1
Data 6	1		1	1	2	4	4	4	5	2
Data 7	1		2	2	3	3	4	4	2	1
Data 8	2		6	4		7	2	2	4	
Data 9	2		5	5	4	3	1	1	7	2

〈S6の発話機能〉

	発話の機能								
	1		2-1	2-2	3-1		3-2	4	5	6
	①	②			①	②				
Data 1	2		3			3	2	1	7	2
Data 2	3		5	4	6	6	1	2	8	4
Data 3	2		4	1		1	1	2	2	2
Data 4	3	1	4	4	1	4		1	1	1
Data 5	1		5	3	4			1	6	1
Data 6			5	4	3	2		2	11	4
Data 7	1		1	1	7	3	1		5	1
Data 8		1	8		5	1		1	9	2
Data 9	3		4	2	4	4	1	2	4	2

〈S7の発話機能〉

	発話の機能								
	1		2-1	2-2	3-1		3-2	4	5	6
	①	②			①	②				
Data 1	3		4		2	3	1		5	2
Data 2	5		15		6	2	3	1	23	1
Data 3	2		4		1	3	1	1	4	2
Data 4	2		7		4	4	1		11	1
Data 5	2		10	3	2	5	1	2	10	
Data 6	2		4	2	1	6		1	10	1
Data 7	2		3	2	3	6		1	7	
Data 8	1		3	1	2	3	1		10	
Data 9	3		10	1	5	5	2	1	7	

〈S8の発話機能〉

	発話の機能								
	1		2-1	2-2	3-1		3-2	4	5	6
	①	②			①	②				
Data 1	2	2	5			4	1	2	2	1
Data 2	1		16		2			2	29	3
Data 3	1	1	3			3	1		4	1
Data 4	1		7		2	1	1	1	4	4
Data 5	1		4	3	6	2	2	2	13	1
Data 6	1		6	4	2	1	1	2	7	2
Data 7	1		6	3	1	2	1	2	3	2
Data 8	1	1	2	1		5	3	2	2	1
Data 9	1		6	5		3		3	1	1

<S9の発話機能>

	発話の機能								
	1		2-1	2-2	3-1		3-2	4	5	6
	①	②			①	②				
Data 1	1		4			3	1		4	
Data 2										
Data 3	1		4		1	4	1		7	2
Data 4	2		5		1	2	1		1	2
Data 5	1		10	1	1	2		2	7	2
Data 6			4		1	3	1	2	2	
Data 7	1		4			5			1	2
Data 8	1		2			4	3		1	
Data 9			3	2	2	4	3	3	4	

表3の各表から項目別に特徴的なことを述べたいと思います。

5.2.1 質問に答えた後,さらに付け加えて話すことができる

教室では下のような1往復の会話場面が多く見られます。

A：Did you watch TV last night?
B：Yes, I did.

それに対し,Yes, I did. の後,次のように詳しく述べること (elaborate) もできます。

A：Did you watch TV last night?
B：Yes, I did. *I watched the news last night.*

このように質問に答えた後，追加して発話する機能を elaboration in answers to questions（以下 EAQ と略します）と名づけました（Young 1993, Ota 2001）。

EAQ を生徒たちはどのくらい会話場面で使用したのかを見ると特徴的なことがわかります。表4にその出現回数をのみを取り出してみました。

表4　EAQ の出現回数

	S 5	S 6	S 7	S 8	S 9
Data 1	3				
Data 2	3	4			
Data 3	1	1			
Data 4	4	4			2
Data 5	5	3	3	3	1
Data 6	1	3	2	4	
Data 7	2	1	2	3	
Data 8	4		1	1	
Data 9	5	2	1	5	2

S 5 は Data 1 から，S 6 は Data 2 から EAQ を始めましたが他の3人は Data 4, 5 で始めました。このことは，ある程度力がついてくると EAQ できるようになってくることを示すのではないでしょうか。Young（1993）の研究でも advanced learners はより EAQ できることが示されています。

EAQ できることはどうなることでしょうか。たとえば S 8 は Data 2 では partner の質問に次のように答えていました。

P : What did you do last Sunday?
S 8 : Er, I watched TV.

(Data 2)

同じような質問に対し Data 9 では次のように EAQ していました。

P : What did you do during Golden Week?
S 8 : I went to, went to, I went to Takashimaya, *because I, I, I bought, I bought a new CD.*

(Data 9)

この2つの例からわかるように EAQ をすることによって，単文でなく，discourse 単位で発話することができるようになることがわかります。S 8 の場合，Data 5 の時点から EAQ ができるようになり，自分で発話をしようとする量が増えました。発話が「単文単位」から「2つ以上の文がつながった1つのまとまりの単位」で話すようになった1つの指標と考えることができるでしょう。

また相手の質問に答えた後に付け加えて話すことができるようになることは，会話の持続力という点からも大きな変化となります。どのように elaboration するのかのパターンは後で述べたいと思います。

5. 2. 2　Follow-up question が出来る

Follow-up question の出現を見ると，S 7 を除くと，後の生徒たちは Data 4 から follow-up question をしていることがわかります。(Data 2 の時点で集中的に follow-up question の仕方を練

習したので,ここではその出現は練習効果と考えられます。)これは follow-up question をすることは簡単ではないことを示します。というのは follow-up question は相手が答えた内容に応じてその場で質問をすることになるからです。

S7は他の生徒たちに比べてはるかに多く使っています。これはどうしてでしょう。1つは前述したように彼の話し好きのパーソナリティーによることが大きいと思います。もう1つは授業中に教えた質問文を決まり文句のように follow-up question として使っているのではないかと考えました。

そこで実際は決まり文句としてどのくらい follow-up question を使っているのかを見てみました(次頁表5)。

表5から明らかなことは,始め決まり文句を多用していたS7が,次第に自分で作った文での発話の割合が増えてきたということです。

実際の例を見て見ましょう。

S7:Do you like music?
T (Teacher):Yes, I do.
S7:Oh, what do you, あっ, *what kind of music do you like?*

(Data 1)

この文は授業で教えた文をそのまま使っている例です。(ちなみに授業では「Do you like music? と尋ねて相手が Yes と言ったらさらに What kind of music do you like? と尋ねるといいよ。」と教えたパターンです。)

この決まり文句をそのまま使うことから始まり,次第に自分で文を作ってゆくわけですが,自分で作る文にも違いがあります。

表5　S7のfollow-up questionの種類と変化

	Formulaic	Self-made
Data 1	1	1
Data 2	5	1
Data 3	1	
Data 4	2	2
Data 5	1	1
Data 6		1
Data 7		3
Data 8		2
Data 9	2	1

＊Formulaicはformulaic expressions（決まり文句）を表し，ここではハンドアウトなどを通して授業で教えた文をそのまま使っている場合とした。

＊Self-madeとは自分で作った文を表し，授業で習った文を少し変えたり，まったく違う文を自分で作った文を使っている場合とした。

それは授業で習った文の一部を変えて文を作るパターンと自分で作るパターンです。

　まずは一部を変えて作るパターンです。

　S7：Do you like movie?
　T：Yes, I like movies very much.
　S7：*Do you know Men in Black?*

　　　　　　　　　　　　　　　　　　　　(Data 1)

このDo you know 〜?のパターンは教科書でDo you know Mario?と出てきた文の一部を変えて使っているパターンです。S7はこのDo you know 〜?のパターンが得意で，follow-up questionとしてよく使っていました。

　もう1つの今まで習った文を使って自分で作るパターンを見てみましょう。

　　S7 : How many CDs do you have?
　　P : I have only three, I usually rent B'z CDs.
　　S7 : Three CDs? *Are you B'z fan?*
　　P : Yes.

(Data 7)

　この場面ではAre you 〜?の文型を場面に合わせて使っています。S7のように他の生徒も決まり文句をそのまま使うことから自分で考えた文を使うに変わってきていました。

　会話を持続するためには相手の答えたことに対して，さらに質問することはとても大切になってきます。その点でもこのfollow-up questionができるようになることは1つの大きな伸びと言えるのではないでしょうか。

　そして同時に決まり文句の使用から，それをもとにして「自分でルールを認識し，文を作っていく」ようになっていくことも大きな伸びの1つでしょう。

5-3　順番（turn）を維持する力からみた英語力

　生徒たちはどのようにして文をつないで自分が少しでも長く話そうとする（turnを長く維持しようとする）のでしょうか。

ここでは語彙サイズとスピーキングのセクションで使った2つ以上のC-unitからなるturnの総数で調べてみたいと思います。(C-unitとは、話をしているときの、1つの意味のまとまりの最少単位です。文はもちろんのこと、語、句、節など、「主語＋動詞」になっていなくても、十分に意味がわかり、話の流れの1つになっているものです。たとえば、"Do you like baseball?" というALTの質問に対して、"Yes." と答えても "Yes, I do." と答えても、"Yes, I love it." と答えてもC-unitは1つと数えます。この数を調べることによって、意味のまとまりのあることをどれだけ多く話すことができたかがわかります。)

前にも述べましたが、2つ以上のC-unitからなるturnの数を調べることで、生徒たちがどれだけ自分の話す番で積極的に少しでも長く話したかがわかります。

5人の生徒たちが自分の話す順番（turn）で2文以上のC-unitを話した回数の変化をALTとの一対一インタビュー、5分間のpair workごとに見てみました（表6）。

表6　2つ以上のC-unitからなるturn総数の変化

	interview			pair work		
	Data 1	Data 3	Data 8	Data 2	Data 5	Data 9
S5	4	4	9	6	11	8
S6	2	5	3	8	3	7
S7	3	3	4	4	7	6
S8	2	2	9	2	7	5
S9	2	2	3		3	6

＊S9のData 2はありません。

この表6から,まずインタビューでは,S6を除くと中学1年生11月（Data 1）3月（Data 3）のときより,中学2年生3月（Data 8）の方の数が大きくなっていることがわかります。またペア・ワークではS6を除くと中学1年生1月（Data 2）より,中学2年生1月（Data 5）の方の数が大きくなっていることがわかります。

　総じて回数が多くなっているということは,自分の番で,数多く話していたということが言えるでしょう。

　そこで伸びが著しいS8,S9がどのように自分の番で話していたかを見てみたいと思います。

〈S8の場合〉

　T：I saw the Figure Skate in Tokyo highlights on the news, sports news. Very nice.

　S8：*Hightlights. Oh, I watched the news, too. (4.0) What else did you do?*

　T：Yesterday? Yesterday I read some fishing magazines.

（Data 3）

　S8：*I like Yomiuri Giants. Do you know?*

　T：Yeah, I know.

　S8：I like Matsui.

　T：Matsui?

　S8：Yes.

　T：Godzilla.

　S8：*Yes, Godzilla Matsui. I like Nishi. Nishi is faster. Then Yomiuri Giant's teammates.*

（Data 8）

Data 3 では Oh, I watched the news, too. と ALT のトピックに関して，自分のことを言いましたが，その後 4 秒のポーズを置いて，What else did you do? と相手に質問を言い，自分の番を終えてしまいました。

　ところが Data 8 では Yes, Godzilla Matsui. と松井選手のことに触れてから，続いて I like Nishi. Nishi is faster. Then Yomiuri Giant's teammates. と同じチームメートの仁志選手のことについて触れ話を続けています。

　すぐ相手に話の番を渡すのではなく，できるだけ自分で話を続けようとしていることがわかります。

〈S 9 の場合〉

　T：I like her songs, 'Dreaming, I was dreaming.' And a 'Chase the chance.'

　S 9：*Yes.* (13.2) *My class, my class, my classmate,* (×××××) *look like Namie Amuro.*

(Data 1)

　S 9：My, my friend has dog.

　T：Uh huh.

　S 9：*It is very big, be, because I don't like dog. I, I like, I* (3.3) あっ*It's, it's name is Cookie.*

(Data 8)

　Data 1 では "Yes." と答えた後，長いポーズの後，1 文言うだけでしたが，Data 8 では犬のことについてできるだけ長く話そうとしています。

　自分の話の順番を維持する力がつくこと，つまり自分が少しでも長く話そうとする力がつくことは，会話の持続力が伸びてきた

と言えるのではないでしょうか。

5.3.1 EAQのパターン

答えた後に詳しく述べたりすること（EAQ）は，会話の持続力の伸びを示す1つの指標として考えることができるのではないかとお話しました。しかし，実際にどのように詳しく話しているのでしょうか。

5人の生徒たちの発話を何度も何度も聞いていると，そこにはいくつかのパターンがあることがわかってきました。

そこでこのセクションでは，生徒たちがどのように会話を継続するのかをBygate (1988), McCarthy (1991) Hatch (1992)などをもとにカテゴリーに分けてみました。以下がそのリストです(Ota 2001)。なお発話例はS5かS8の発話から取りました。

(1) Amplification：前に話したことに具体的に付け足します。

P (Partner)：What music do you, do you, what listen to music?
S8：I listen to GLAY's music. *I, I listen to GLAY's album Review*. It's very (2.0) good songs.

(Data 2)

Glayのことをさらに具体的に話しているのがわかります。

(2) Substitution：前に話した構文の一部を変えて付け足します。

P：I like... TM Revolution. How about you?

S 8 : I like B'z, TM Revolution, Sam sheade... and so on. *I like pop, ah, I like rock.*

(Data 9)

ここでは I like のパターンを繰り返して目的語を変えて話しています。

(3) Subjects：前に話した文の一部を主語にして付け足します。

P : What musician, what other musician do you like?
S 8 : I like TM Revolution. (4.4) *TM Revolutions* is very, very, very (4.9) interesting band. What do you think about TM Revolution?

(Data 9)

2度目には TM Revolution を it に置き換えるべきですが，同じトピックで話を続けようとする発想がわかります。

(4) Comments and reasons：前に話した文に理由や感想を付け足します。

P : How was your winter vacation?
S 8 : Well, this winter I was very happy, *because I went to Saipan.*

(Data 5)

(5) Conjunctions：前に話した文に 'and' 'but' 'so' 'because' を使って付け足します。

P : I'm hungry. Did you go to, did you go to sh, suri, shrine?
S 8 : Shrine. I didn't go shrine, *but I go, I, I want, I want to Kokuritsu Kyogijyo, because I watched Tennohai*. I like soccer. Do you like soccer?

(Data 5)

(6) Pronouns：前に話した文を代名詞で受けて付け足します。

P : Oh, I have Tomomi Kahara's CD.
S 8 : Are you sure?
P : Yes.
S 8 : I, I don't like hers. *She is, she is not cute*.

(Data 2)

　いかがですか。このようにいくつかパターンがあることがわかりました。例に示したのはＳ5かＳ8の発話ですが，このパターンのうちどれが最初に使われ，どれが次に使われるのかということは，Ｓ5〜Ｓ9の5人に限って言えばなさそうです。(もっと多くの生徒たちの発話を見てみると順序性があるかもしれません。)

　このパターンは授業でいろいろと使えます。まず，このような例を示すと生徒たちは「なるほど，そう続けていけばいいのか。」と気づくことができ，それを真似しようとします。また，授業でパターンの1つを取り上げ練習することもできます。

5.3.2　Turnを維持するためのパターン

　今度は自分の話す順番（turn）を維持するために生徒たちがしていることを見てみました。そこにはやはりいくつかのパターン

があることに気がつきました。

それをいくつかのパターンとして分類してみました。以下はそのリストです (Ota 2001)。

(1) Response＋asking back：質問に答えた後，詳しく述べることをせずに，すぐ相手に聞き返すパターンです。

P：What program did you watch?
S8：Ah, ah, I watched Nagano Olympic Games.
P：Oh.
S8：*How about you?*

(Data 2)

How about you? は生徒たちがよく使う決まり文句の1つで，使いすぎる傾向がある表現の1つです。

(2) Answers to questions＋Elaboration in answers to questions：質問に答えた後，さらに詳しく述べるパターンです。

P：What color?
S8：Color? Um, I want, I like white or blue, *so I want to buy a white shirt or a blue shirt*.

(Data 4)

(3) Answers to questions＋Elaboration in answers to questions＋ Ask back：(2)のパターンから1つ発展して，詳しく述べてから相手に聞き返すパターンです。

T : Ah, I'm tired. Not tired. I'm sleepy and cold. How about you?
S 8 : *Well, I'm pretty good and I'm cold. I don't like winter, because winter is so cold. Do you like winter?*
(Data 3)

(4)Follow-up statement+Elaboration in follow-up statement：相手の言ったことに対して自分のことを言い，さらにそれに対して詳しく述べるパターンです。

T : I like baseball, F1, F1 races.
S 8 : *I like baseball, so I like major, major league.*
(Data 8)

ここでは相手が I like baseball と言ったことに対して，自分も I like baseball と言い，そしてさらに詳しく major league が好きと言っています。

(5) Follow-up statement+Ask back：相手の言ったことに対して自分のことを言い，その後，相手に聞き返すパターンです。

S 8 : Yes. (3.0) I, I ski a little.
T : Oh, really! It's good.
S 8 : *I, I can't ski very well. Do you ski, too?*
(Data 3)

いかがでしたか。こうしてパターンに分けてみると生徒たちは

実にいろいろなことをしているのがわかります。このことをうまく利用すれば，やはり授業に生かすことができるのではないでしょうか。

6 まとめ

この章では5人の生徒たちの会話の持続力がどのように伸びていくのかを実際の発話データをもとに見てきました。

実際に分析しておおよそわかったことは5つありました。

① 生徒たちは「単文単位」から「2つ以上の文がつながった1つのまとまりの単位」で話すようになる。
② ある段階からは質問に答えた後，1文（または1文以上）付け加えることができるようになる。
③ 「決まり文句」(formulaic expressions)の使用から，それをもとにして「自分でルールを考え，文を作っていく」(rule-governed)ようになる。
④ 相手の言ったことに合わせて，自分も話すようになる。(follow-up question をできるようになる。)
⑤ 文をつないで自分が話す順番を少しでも維持するようになる。

以上のことを見てみると，どれも言われてみれば当たり前のことではないかと思います。しかしその直感的，経験的に感じていることがこうして実際の発話を分析することで確かめられたことは大きいのではないかと思います。

以上のことは限られた5人の生徒の分析の結果です。これで「中学生はこうです。」ということは言えないと思いますが，この結果も1つの事実であることは確かです。大切なのはこのように

実際の発話のデータを分析することにより、教室での観察や経験から感じていることを再確認できたり、またそれとのずれがわかることです。そして何より実際の生徒の言語習得過程を見ることで日々の指導に生かすことができると思います。

7 生徒は英語をどう学ぶか
——まとめ

　私たちの「考古学的」手法による中学生の英語学習についての記述は以上のようになりました。

　ここでもう一度各章の「まとめ」を見ることによって、私たちの「発掘」したデータの整理を行っておきましょう。

1 生徒が接する英語 (input)

　私たちが3年間、生徒に与えている (input している) 英語は以下のような分量であることがわかりました。

① 教科書 (*New Horizon*) から生徒に提示される語彙は、3年間で見ると、異なり語数で1,281語、総語数では7,726語になります。
② この総語数に対する異なり語数の割合は、16.58%でした。この中には代名詞やbe動詞の繰り返しも含まれますので、中学生の触れる英語を考えると、繰り返し使用される語彙が多いとは言えません。
③ 3人とも授業中に、教科書の異なり語数にせまる、またはそれ以上の数の語彙をハンドアウトによって与えていました。これは生徒への大きな input になっています。

④ 『基礎英語』からの語彙の input はさらに大きく，生徒にとっては英語に触れるための有効な機会となっています。

　教科書によって生徒に与えている語彙は全体で8千語に近い英語です。これを1ページあたり350語のペーパバックに換算すると22ページになります。この数は研究社の『現代英語教育』(1996)が提示したページ数約20とよく符合します。教科書が違っても大体こんなところでしょう。

　この分量が多いのか少ないのかは，これだけでは判断できません。私立学校や海外の例などと比べることができてはじめて，多いか少ないかの判断が出来るというものです。その意味では，今回の私たちのデータは，今後他のいろいろなケースと比較するための目安になると思います。

　異なり語数で見ると1,300語（語彙の多い教科書では1,600語）ほどですから，平均すると1つの単語が3年を通じて出てくる回数は6回ほどです。けれども，異なり語には代名詞，be動詞など，繰り返してたくさん出てくる単語がありますから，他の内容語の出てくる回数は非常に少なくなることがわかります。ということは，同じ単語に接する回数が少なくても生徒は語彙を身につけなければならないということになります。単語が覚えられなくて苦労する生徒が多いことはこのことから想像できます。

　教科書だけから見ると input に関する英語の分量は以上ですが，世田谷中学校ではこの分量に匹敵するほどの英語をハンドアウトや NHK『基礎英語』などで補っています。こうしたソースから増強している語彙も生徒のスピーチやインタビューなどに使われてゆくわけです。

　私たちの語彙指導の基本方針は，提示した語彙すべてを覚えないでよいというものですから，こうした強制しない語彙指導が生

徒の語彙習得にどのような結果をもたらしているかを今後も検討しなければなりません。が，生徒の production から見る限り，教科書以外のソースから input された語彙もかなりよくつかわれていることがわかりました。

2 生徒が吸収する英語（intake）

このような分量の英語を生徒に与えているわけですが，生徒の方はこの「量」のうちどのくらいを吸収しているのでしょうか。これについてのまとめは以下の通りです。

① 世田谷中学校で毎年行う2年生と3年生のスピーチコンテストのために用意された4人の生徒の原稿をみると，総語彙数の約7割が教科書から input された語彙であることがわかりました。
② 残りの3割はハンドアウトと『基礎英語』からのものがほとんどでしたが，生徒がスピーチのために自分で他から得た語彙もありました。ハンドアウトと『基礎英語』からの input は intake されて，スピーチの原稿の中で使われたことは確かです。
③ Spontaneous なスピーキングにおいては，教科書から input された語彙の使用率は58％で，残りは，ハンドアウトと『基礎英語』から input された語彙で，これだけでほとんどすべての語彙をカバーしていました。
④ 時間をおいて行った spontaneous なスピーキングの結果を見ると，2年生の2学期頃に1つの区切りが見られ，それまでと比べると語彙の量や表現の幅などが広がっているのがわかりました。この時期を境に output の質が変わってゆくのではな

いかという感じがつかめました。

　私たちの研究結果によると、生徒たちがスピーチに使う総語彙のうち7割くらいは教科書からinputされた語彙であることがわかりました。このことをどう解釈するかは人によって分かれるところだと思います。随分少ない比率だと思う人もいれば、こんなに教科書の語彙を使うのかと思う人もいるでしょう。私たちは意外に多いと思います。やはり、教科書の語彙をしっかり使うことによってコンテストに入賞できるようなスピーチを作り上げることが出来るという事実を重く受け止めた方がよいのではないかと思います。つまり教科書の語彙はスピーチにも役立つものだということです。世間一般にも英語教育界の一部にも、教科書はあまり役立たないという考えがありますが、そうでないことがこれでわかるのではないでしょうか。

　スピーチに関するデータは数が限られています。考古学の比喩で言えば、発掘されたのは土器のほんの数片のかけらにすぎません。これから多くのことを言うのは無理ですが、データに取り上げられた生徒には英語を得意としない生徒も含まれています。したがって、このデータが例外的に英語のできる生徒のみのものではないことはご理解いただけると思います。

　スピーチのデータと比べて、spontaneousなスピーキング（つまり準備をしないで自然体で話すこと）では、教科書の語彙の使用率が低くなるのは面白いと思います。

　逆のような気がしませんか。スピーチとなれば、準備をしますから、いろいろな語彙を使ってみようとする余裕があると思います。それに対してspontaneousなスピーキングの方はその場で思いついたことを話すのですから、補足的に教師が与えたハンドアウト、聞くことを進めてはいるが強制はしていない『基礎英

語』などからの語彙が多くなるというはどうしてでしょうか。

1つ考えられることは,「会話」になると,教科書よりハンドアウトや『基礎英語』の方に使い勝手のよい語彙が多く含まれているので,そちらから input された語彙を使いがちになるということです。これは1つの仮説です。

この仮説検証も今後の研究課題ということになるでしょう。

語彙の面から生徒の intake について見た場合,もっと重要な「発見」は上記のまとめの最後の部分にあります。

語彙の面から生徒の英語力の発達を見た場合,2年の前半までとそれ以降では発達の仕方が違うように感じられるということです。

第1章にも書きましたが,私たちはこの研究に取りかかる時点で,それまでの経験から中学2年の中頃に何か英語学習にとって大切な局面が来るのではないかという漠然とした印象を持っていました。そのことを頭に入れてデータを見てきました。2年で何かが起こることについて,最初に何かがありそうだという予感をこの語彙に関すデータが示してくれたように思います。ただ,このことについてはまだ何ら決定的なことはわかっていません。これまた,今後の課題ですが,これは私たちだけで推し進められるという規模の問題ではありません。中学生の英語学習過程に興味のあるすべての人の協力で行わなければならないタイプの研究になると思います。

3 語彙サイズ (intake)

語彙の点から,input の総量と,そのどのくらいが生徒の頭の中に取り入れられて,実際に使われるものかをみてきたわけですが,実際の発話に使われたデータから,生徒の頭の中に蓄えられ

た語彙の量を推し量るのには無理があります。このことは第4章に述べたことです。

　その時々のトピックなどに必要な語彙を選んで発話するわけですから，生徒は自分の持っているものを全部外に出すわけではありません。

　そこで語彙サイズテストを導入してみたわけです。まだまだ試しの段階ですが，なかなか面白いことがわかってきました。

　結果は下記の通りです。

① 「望月テスト」（初級学習者のための受容語彙サイズテスト）の結果と総合的英語力との間には，かなりの相関関係があることがわかりました。
② 「望月テスト」を実施してみて，意味がわかるというレベルでは，生徒は教科書，ハンドアウト，『基礎英語』等から input されたかなりの語彙を intake していることがわかりました。外来語など，それ以外からも intake している可能性があることもわかりました。
③ 「望月テスト」による推定の語彙サイズが大きいからと言って，必ずしも spontaneous なスピーキングで力を発揮するとは限らないということがわかりました。
④ 世田谷中学校の卒業生18名のその後を追ってみると，それなりにがんばっていることがわかりました。中学校での英語の成績は，高校3年の夏休みまでの段階で行われた「望月テスト」には，あまり反映されていないこと，帰国の生徒を除いては，6,000語には届いていないということもわかりました。

　概ね語彙サイズテスト（望月テスト）と英語力全体とは密接な関係にあることがわかりました。この理由はまだはっきりしませ

ん。しかし，だいたい「正比例」の関係にあるようです。

　ところが，語彙テストと英語全体の成績が大きくずれている生徒もいることがわかりました。あまり人数は多くないのですが，こうした生徒が確実に（？）います。そうした生徒の語彙の分布を見ると面白いことがわかりました。そうした生徒の語彙分布は「いびつ」なのです。普通この種のテストでは，1000語レベル，2000語レベルと，レベルが上にゆくほど成績が悪くなり知っている語彙が少なくなってゆくものです。ところがこうした生徒の語彙は1000語レベルと2000語レベルの差が少なかったりします。つまり，1000語レベルの語彙は十分に知ってはいない代わりに2000語レベルの語彙もそこそこあるといった分布をしているのです。

　どうしてこのような分布になってしまったかはよくわかりません。今のところ言えることは，こうした生徒が，概して学校での英語学習を軽んじて塾通いに精を出しているような生徒だったということです。塾ではどのような勉強をしているのでしょうか。その辺まで調べてみる必要がありそうです。

　いずれにせよ，全体の語彙サイズと総合的英語学力とはかなり高い相関関係にありそうであることと，習得語彙の分布から生徒の学習の進捗状態が読める可能性があるということをこのことは物語っているようです。この線でもっと突っ込んだ研究をしてゆくことが大切だと思います。

　卒業後，高校での学習を垣間見るために卒業生にも何人か語彙サイズテストを受けてもらいましたが，中学の時の成績に多少の差があったにもかかわらず，あまり語彙サイズに大きな開きは生じてはこなかったようです。

　望月テストについてのもう１つの結果は，このテストで推測される語彙サイズと，実際に知っている語彙との差は200語程度あることも観察されました。測定誤差というものです。このことは，

このテストが語彙サイズテストとして欠陥を持っているということを意味するわけではありません。語彙は何万語も実際に「知っているか」「知らないか」をテストすることが出来ないのですから、いくつかサンプリングした語彙から推測するしかありません。そこでは必ず測定誤差が出ます。問題はその誤差が他のテストと比べて大きいかどうかということです。

　今のところ、日本人中学生や高校生に適したテストは他に見当たりませんから、この誤差が大きいかどうかは判断できないということになります。

　それより今後調べてみると面白いことは、こうした測定誤差が学年ごとに小さくなってゆくかどうかということです。どういうことかと言えば、例えばたまたま1000語レベルの単語のうち知っているのは20語だけで他の1980語は全く知らないということもあり得ます。これでも、1000語レベルからサンプリングされた30語のうち20語知っていると推測されるので、このレベルの語彙はそこそこあると判断されてしまうことになります。

　学年が上がってゆけば、そういう「たまたま知っていて」あとは何も知らないという状況は少なくなると考えられますから、測定誤差は学習歴が長くなるほど、英語の学力が上がるにつれて、小さくなることが予測されます。

　こんなことを将来的に確認できたら語彙サイズの測定には大いに役立つのではないかと私たちは考えています。

4 文法の習得（intake）

（1）不規則動詞
① スピーチ原稿で使用された不規則動詞の過去形と過去分詞形

を調べてみると，不規則動詞の過去形として60語，不規則動詞の過去分詞形として22語が特に大切な語であることがわかりました。

(2) 英語の得意な生徒とそうでない生徒との学習の伸び
① 英語を得意とする生徒は，そうでない生徒に比べ，異なり語数も総語数も多い。
② 英語を得意とする生徒は，そうでない生徒に比べ，接続詞の種類もその使用頻度も多い。苦手意識を持つ生徒の学習の伸びは，停滞しているかのように見えるが，かなり緩やかではあるが伸びてゆく。
③ 英語を得意とする生徒でも2年生のスピーチでは主語の位置に現れる後置修飾はみられない。私たちの分析では，3年生になって使用され始めた。

(3) 接続詞・代名詞
① ある段階（Data 5, 2年3学期）から使用が著しく増える。

(4) Wh疑問文
① 正しく使われている。（正答率が高い。）
② 授業で習ったWh疑問文をそのまま使う段階から，自分で文を作る（rule-governed）段階へ変わっていく。

(5) 時制（現在形，過去形，未来表現）
① 未来表現を使うことは難しい。使う段階も習った文をそのまま使う段階から自分で文を作る段階へ変わっていく。

上記のまとめは，ある学年の生徒の中から数人を抽出し，その

数人の活動データを追いながら分析し，調査したものです。すべての生徒の活動データを分析したものではありませんが，特徴的な生徒の活動データを追うことで，おおよその傾向を知ることができたように思います。今後より多くの生徒の活動データについても調査していきたいと思います。

　文法の獲得については語彙ほど単純に数値で調べることは出来ません。

　上のまとめで興味深いのはまず，英語得意，不得意者の違いは，接続詞と主語の位置に現れる後置修飾がどのくらい使われるかによってある程度の見分けがつくことです。

　次には，接続詞・代名詞の使用頻度が2年の3学期から大きく増えることです。例の「2年の後半」の話です。接続詞も，代名詞もまとまった文章（あるいは発話）の1種のマーカーになるものです。このマーカーがたくさん使われるようになってくるということは，2年の後半で，文から文章へと移る余裕が生徒に芽生えてくるのではないかと思わせる「発掘」でした。

　Wh疑問文や未来表現については，最初は決まり文句のように習った文をそのまま変化させせずに使う段階から，だんだん自分でルールに基づき使えるように変化する過程が見て取れました。

　Wh疑問文は最初のうちからかなり正確に使えるように見えますが，決まり文句的に使われているからだろうと思われます。

　文法の獲得については，このformulaicからrule-governedへの移行，つまり決まり文句をただ使う状態から，規則を使って自分なりのことばを使う状態への移行がどのようなペースで行われるかを今後もっと詳しく見ていかなければならないでしょう。

5 発話の仕方（intake）

　最後はどんな発話が出来，どんな会話が出来るようになるか，どんなふうに話を広げてゆくことが出来るかという観点から調べてみました。

① 発話が「単文単位」から「2つ以上の文がつながった1つのまとまりの単位」で話すようになる。
② ある段階からは質問に答えた後，1文（または1文以上）付け加えることができるようになる。
③ 「決まり文句」(formulaic expressions)の使用から，それをもとにして「自分でルールを考え，文を作っていく」(rule-governed)になる。
④ 相手の言ったことに合わせて，自分も話すようになる（follow-up questionをできるようになる）。
⑤ 文をつないで自分が話す順番を少しでも維持するようになる。

　生徒は徐々に単文から2つ以上の文をつなげて話すようになりました。このことは当たり前のことのように思えるかもしれませんが，なかなか2文以上をつなげて話すことは簡単なことではありません。よく「一言で終わらずに，それに何か少しでも付け加えなさい」という指導をしていますが，世田谷中学校では"Keep the conversation going."という指導を徹底したためその効果があったのではないかと思います。

6 中学2年生の後半に働く（？）ブースター

　さて，私たちがもっとも興味を持って研究していた中2の後半

の問題です。

　2年生の中頃から後半にかけて著しく伸びる生徒と，緩慢な伸びしかみせない生徒との間にある違いは何かということです。2年の後半に伸びる生徒を押し上げるものを，私たちはロケットの比喩で「ブースター」と呼びました。この「ブースター」があるとするならそれは何なのだろう。これが私たちの興味の中心でした。

　これについて，今までのところ私たちの得た結果はどんなものだったでしょうか。それは以下の2点です。

① 　Spontaneous なスピーキングの結果を見ていると，2年生の2学期までとそれ以降では，語彙の習得の量が増え，表現の幅も広がって output の質が変わっていくのではないかと予想される。
② 　2年3学期から接続詞，代名詞の使用が著しく増える。

　中学2年の後半についてはまだ，これだけなのは残念ですが，今後のデータ整理から少しずつ事実が解明されてくれば，私たちの経験から来る「勘」が実際の内容を伴ってものかどうかが検証されてくると思います。

7　その他の「発掘」

　その他にも興味深い「発掘」がありました。
　語彙についてです。1〜3年までの教科書に共通して出てくる語彙が280語ほどありました。もちろんこの数は教科書によって変わりますが，ポイントはくり返し出てくるこの300語たらずの語彙は，他の語彙と比べて定着がよいかどうかということです。

このことを調べれば，繰り返しの効果が推し量れるということです。今回はこうした語彙に絞ったテストなどは行っていませんでしたからこのことは今後の研究に待つということになりますが，研究のテーマが1つ見つかったという意味で重要な「発掘」だったと言えるでしょう。

また，ハンドアウトや『基礎英語』,「望月テスト」などに共通に現れる語彙も140語ほど見つかりました。その内訳からどんなことが言えるのか，また，上記の学年共通語彙と同様，これらの定着が他の語彙より良いと言えるかどうか興味深い研究を行うことが出来そうです。

8 むすび

今回の私たちの研究では，残念ながら中学生の英語学習について決定的な事実は出ては来ていません。

最初に述べたように中学生の英語学習の「発掘」は今回始まったばかりです。でも，私たちが世田谷中学校の生徒たちの学習の歴史の中から掘り起こしたものは，この本という形で共有財産になったと思います。

私たちの採取したデータを見ていただいて，その中から読者の皆さんもまた新たな「事実」を掘り起こしていただきたいと思います。そのためにこの本ではなるべく生の形でデータを掲載しました。少し読みにくくなっていると思いますが，そういう目的ですのでご理解いただけたらと思います。もちろん，私たちもまた私たちなりの掘り起こし作業を続けてゆくつもりです。

また，読者の皆さんもご自分の生徒さんたちの学習の記録のなかから新しいデータを採取して発表してほしいと思います。

生徒をよりよく指導するためには，生徒の「学び」の過程を知

らなければなりません。学習支援を考えるためにも，評価を論じるにも，生徒がどのように英語を学んで獲得してゆくかを解明する必要があります。日本人中学生の英語学習（習得）過程の解明は始まったばかりです。

　この過程の研究にはいろいろな方法を用いなければならないと思います。どの方法を使うにしても，教育研究で注意しなければならない点は，生徒の学習を研究のために圧し曲げないようにするということです。研究は生徒の学習を助けるためにあります。その研究が生徒の学習を圧し曲げてしまっては何にもなりません。

　この本では「考古学的方法」を提案しました。この方法は，もう既にある程度長い期間に行われた学習の記録を詳細に調べることによって学習過程に迫ろうというものです。この方法では，1つの教育現場（つまり中学校）から学習過程のすべてがわかるデータを得ることはほぼ不可能だと思います。この方法を有効に働かせるためには各地（いろいろな中学）で採取されたデータの共有化が不可欠です。いろいろな中学で記録されたものが集約されて来れば英語学習過程の全体像が徐々に復元されると思うからです。

　データの共有化と生徒の英語学習過程の解明の大切さを全国の先生方にもう一度訴えてこの本の結びとしたいと思います。

〈巻末資料〉

■教科書に出てくる基本語彙285語

中学校英語検定教科書 *One World English Course 1, 2, 3* の3冊に共通して出てくる285語を頻度順に並べました。TOTALでの頻度数が同じ場合は，アルファベット順に並べてあります。OW1 は *One World English Course 1*，OW2 は *One World English Course 2*，OW3 は *One World English Course 3* の略記です。また，各欄の数字は，それぞれの単語が教科書に出現する頻度（回数）を表します。

	WORD	TOTAL	OW1	OW2	OW3		WORD	TOTAL	OW1	OW2	OW3
1	the	574	83	282	209	15	lesson	104	50	42	12
2	I	342	115	142	85	16	have	103	30	29	44
3	to	342	26	192	124	17	of	103	14	52	37
4	is	333	167	77	89	18	on	102	13	52	37
5	a	329	78	147	104	19	there	100	44	36	20
6	you	309	97	139	73	20	they	92	14	52	26
7	in	262	58	125	79	21	my	90	44	22	24
8	and	206	29	92	85	22	we	89	26	36	27
9	it	144	39	51	54	23	at	87	20	46	21
10	was	135	11	81	43	24	your	85	28	33	24
11	are	131	63	43	25	25	yes	82	40	35	7
12	he	131	39	78	14	26	for	79	5	29	45
13	this	115	57	34	24	27	she	78	24	15	39
14	do	109	50	42	17	28	that	78	18	23	37

教科書に出てくる基本語彙285語 —— 197

	WORD	TOTAL	OW1	OW2	OW3
29	people	76	6	49	21
30	like	75	27	36	12
31	very	75	12	43	20
32	Aki	65	31	16	18
33	let's	63	20	23	20
34	go	62	9	35	18
35	no	61	28	21	12
36	can	60	31	14	15
37	but	58	10	26	22
38	were	58	9	36	13
39	I'm	57	13	20	24
40	me	56	7	27	22
41	English	55	18	32	5
42	how	53	27	19	7
43	Japanese	53	12	34	7
44	all	51	1	27	23
45	old	50	25	14	11
46	what	50	18	23	9
47	here	49	14	22	13
48	school	48	19	23	6
49	from	47	7	24	16
50	when	47	5	21	21
51	good	46	13	18	15
52	about	44	15	17	12

	WORD	TOTAL	OW1	OW2	OW3
53	some	44	13	14	17
54	her	43	13	8	22
55	many	43	8	21	14
56	one	43	15	15	13
57	b	42	17	9	16
58	it's	42	29	5	8
59	Japan	41	11	16	14
60	time	40	10	20	10
61	his	39	8	22	9
62	don't	38	6	15	17
63	not	38	7	16	15
64	day	37	7	22	8
65	now	37	11	17	9
66	by	36	8	18	10
67	years	36	13	9	14
68	with	35	3	17	15
69	up	34	7	16	11
70	so	33	1	19	13
71	green	31	7	21	3
72	play	31	19	11	1
73	am	30	14	14	2
74	has	30	9	3	18
75	please	30	13	12	5
76	an	29	6	14	9

	WORD	TOTAL	OW1	OW2	OW3
77	get	29	8	15	6
78	know	29	3	9	17
79	make	29	3	21	5
80	can't	27	9	12	6
81	lot	27	8	11	8
82	hello	26	16	5	5
83	or	26	7	13	6
84	p	26	3	13	10
85	come	25	3	16	6
86	dog	25	16	2	7
87	see	25	4	13	8
88	big	24	4	13	7
89	name	24	13	7	4
90	our	24	9	4	11
91	read	24	13	6	5
92	thank	24	6	12	6
93	them	24	1	13	10
94	too	24	11	6	7
95	eat	23	5	9	9
96	new	23	7	8	8
97	their	23	3	10	10
98	well	23	3	10	10
99	American	22	11	8	3
100	great	22	4	9	9

	WORD	TOTAL	OW1	OW2	OW3
101	next	22	1	16	5
102	home	21	10	5	6
103	yesterday	21	3	11	7
104	c	20	14	4	2
105	mother	20	6	12	2
106	Mr	20	7	8	5
107	oh	20	5	9	6
108	that's	20	8	5	7
109	two	20	13	5	2
110	five	19	9	8	2
111	Jim	19	7	11	1
112	man	19	10	4	5
113	may	19	6	8	5
114	three	19	7	7	5
115	want	19	2	10	7
116	write	19	6	6	7
117	live	18	2	10	6
118	only	18	3	9	6
119	right	18	3	10	5
120	today	18	5	5	8
121	where	18	7	5	6
122	beautiful	17	3	7	7
123	dinner	17	5	6	6
124	does	17	9	6	2

	WORD	TOTAL	OW1	OW2	OW3		WORD	TOTAL	OW1	OW2	OW3
125	first	17	1	9	7	149	little	14	6	6	2
126	friends	17	4	8	5	150	long	14	4	6	4
127	house	17	6	5	6	151	much	14	8	4	2
128	rice	17	4	1	12	152	sorry	14	1	7	6
129	tennis	17	10	5	2	153	summer	14	10	3	1
130	try	17	5	7	5	154	take	14	2	8	4
131	use	17	1	10	6	155	then	14	1	6	7
132	year	17	3	7	7	156	TV	14	8	5	1
133	friend	16	4	9	3	157	America	13	1	9	3
134	say	16	2	8	6	158	back	13	1	4	8
135	ago	15	6	7	2	159	before	13	5	5	3
136	any	15	7	3	5	160	cold	13	1	10	2
137	bag	15	8	3	4	161	ten	13	11	1	1
138	book	15	7	4	4	162	us	13	1	7	5
139	fish	15	6	7	2	163	doesn't	12	3	6	3
140	help	15	2	8	5	164	every	12	6	1	5
141	mornig	15	6	8	1	165	hand	12	2	5	5
142	speak	15	3	8	4	166	happy	12	2	5	5
143	after	14	3	9	2	167	hundred	12	9	1	2
144	dear	14	1	11	2	168	isn't	12	9	1	2
145	eight	14	10	1	3	169	near	12	9	1	2
146	food	14	3	9	2	170	OK	12	3	3	6
147	just	14	1	5	8	171	party	12	4	2	6
148	lake	14	1	12	1	172	reading	12	2	7	3

	WORD	TOTAL	OW1	OW2	OW3
173	teacher	12	2	3	7
174	tell	12	1	4	7
175	things	12	1	10	1
176	town	12	5	5	2
177	woman	12	3	7	2
178	children	11	3	4	4
179	d	11	7	3	1
180	fall	11	1	9	1
181	family	11	2	7	2
182	father	11	3	6	2
183	girl	11	3	1	7
184	guitar	11	5	3	3
185	picture	11	3	7	1
186	Saturday	11	3	5	3
187	sports	11	7	3	1
188	students	11	1	2	8
189	Sunday	11	2	8	1
190	wall	11	5	3	3
191	wonderful	11	3	6	2
192	aren't	10	6	3	1
193	cannot	10	4	5	1
194	card	10	1	3	6
195	country	10	1	6	3
196	him	10	4	4	2

	WORD	TOTAL	OW1	OW2	OW3
197	interesting	10	1	4	5
198	leave	10	7	2	1
199	look	10	3	5	2
200	meet	10	5	3	2
201	six	10	6	2	2
202	student	10	7	1	2
203	train	10	1	1	8
204	brother	9	6	1	2
205	doing	9	1	6	2
206	evening	9	3	4	2
207	high	9	4	3	2
208	homework	9	7	1	1
209	park	9	4	3	2
210	pictures	9	2	5	2
211	welcome	9	5	1	3
212	young	9	1	7	1
213	afternoon	8	1	3	4
214	april	8	2	1	5
215	bed	8	2	4	2
216	China	8	5	1	2
217	eating	8	4	2	2
218	everyone	8	2	3	3
219	good-bye	8	6	1	1
220	Ken	8	2	4	2

	WORD	TOTAL	OW1	OW2	OW3
221	nice	8	4	3	1
222	often	8	3	4	1
223	swim	8	5	1	2
224	water	8	2	1	5
225	winter	8	1	6	1
226	class	7	3	2	2
227	everything	7	1	3	3
228	game	7	2	1	4
229	hometown	7	4	1	2
230	Mrs	7	5	1	1
231	paper	7	2	4	1
232	really	7	2	4	1
233	review	7	1	2	4
234	still	7	1	3	3
235	sure	7	1	4	2
236	talk	7	1	1	5
237	third	7	1	1	5
238	always	6	2	3	1
239	birds	6	3	2	1
240	breakfast	6	4	1	1
241	fine	6	4	1	1
242	four	6	3	2	1
243	front	6	4	1	1
244	girls	6	2	3	1

	WORD	TOTAL	OW1	OW2	OW3
245	living	6	3	2	1
246	mountains	6	2	1	3
247	red	6	2	1	3
248	small	6	1	3	2
249	trees	6	2	3	1
250	birthday	5	2	1	2
251	drink	5	2	1	2
252	excuse	5	2	2	1
253	houses	5	1	2	2
254	its	5	1	1	3
255	Jones	5	1	3	1
256	kind	5	2	2	1
257	lives	5	3	1	1
258	pen	5	2	2	1
259	player	5	2	1	2
260	question	5	2	2	1
261	show	5	1	3	1
262	stop	5	2	2	1
263	week	5	2	2	1
264	writing	5	1	3	1
265	bring	4	1	1	2
266	ear	4	1	2	1
267	glad	4	1	1	2
268	June	4	1	1	2

	WORD	TOTAL	OW1	OW2	OW3
269	Monday	4	2	1	1
270	playing	4	2	1	1
271	questions	4	1	1	2
272	sea	4	1	2	1
273	second	4	1	2	1
274	short	4	2	1	1
275	sometimes	4	2	1	1
276	Thursday	4	2	1	1
277	towns	4	1	2	1

	WORD	TOTAL	OW1	OW2	OW3
278	weather	4	1	2	1
279	fast	3	1	1	1
280	fourteen	3	1	1	1
281	fourth	3	1	1	1
282	hands	3	1	1	1
283	mouth	3	1	1	1
284	river	3	1	1	1
285	seventh	3	1	1	1

(注)

1．頻度番号5の〈a〉は，練習問題の番号として，また不定冠詞として使用されたものが混在してカウントされています。

2．頻度番号57の〈b〉，104の〈c〉，179の〈d〉は，教科書の練習問題などの記号として使用されているものがカウントされています。

3．頻度番号71の〈green〉は，green tea [trees, plants など] に使用されたものと，Ms. Green として人名に使用されたものとが混在してカウントされています。

4．頻度番号84の〈P〉は，アルファベットのPまたはpと，ページを表すpとして使用されたものとが混在してカウントされています。

5．頻度番号91の〈read〉は，原形，現在形，過去形として使用されたものが混在してカウントされています。なお本文中に過去分詞としてのread は出現していませんでした。

6．頻度番号113の〈may〉は助動詞のmay，月名のMay，人名のMayとが混在してカウントされています。

7．頻度番号162の〈us〉は，人称代名詞のus がカウントされています。アメリカ合衆国を表すUS は含まれていません。

■改訂北大語彙表〈1000語レベル〉

改訂北大語彙表の1000語レベルに指定された995語。

a	almost	apron	basket
able	alone	are	bat
about	along	area	bath
above	alphabet	arm	be
across	already	around	bear
act	also	arrive	beautiful
add	although	as	beaver
address	always	ask	because
advice	am	assistant	become
afraid	among	at	bed
after	an	aunt	before
afternoon	and	autumn	begin
again	animal	away	behind
against	another	baby	believe
age	answer	back	bell
ago	ant	bad	below
agree	any	bag	belt
ah	anybody	balance	bench
air	anyone	ball	best
album	anything	banana	better
all	appear	base	between
allow	apple	baseball	beyond

bicycle	business	certainly	come
big	busy	chair	common
bird	but	chalk	company
birthday	butter	chance	complete
black	butterfly	change	computer
blackboard	buy	cheese	concert
blue	by	chicken	condition
board	cable	child	contest
boat	cake	children	continue
body	calendar	chocolate	control
book	call	choose	cook
boss	camera	church	cookie
both	camp	city	cool
bottle	can	clarify	copy
bowl	candy	class	corn
box	cap	classroom	corner
boy	captain	clean	could
bread	car	clear	count
break	card	clock	country
breakfast	carrot	close	couple
bridge	carry	cloud	course
bring	case	club	cover
brother	cat	coat	cow
brown	catch	coffee	cream
brush	cause	coin	cry
build	cent	cold	cup
building	center	college	curtain
bus	certain	color	cushion

cut	double	else	fast
dam	down	end	father
dance	draw	engine	favorite
dark	dream	enjoy	feel
data	dress	enough	feeling
date	drill	enter	feet
daughter	drink	even	fence
day	drive	evening	few
dead	driver	ever	field
dear	drop	every	fifteen
decide	dry	everybody	fifty
deep	duck	everyone	fight
deer	during	everything	figure
design	each	exam	fill
desk	ear	example	film
diamond	early	excuse	find
dictionary	earth	expectation	fine
die	east	explain	finger
diet	easy	eye	finish
different	eat	face	fire
difficult	egg	fact	first
dinner	eight	fall	fish
dish	eighteen	family	five
do	eighty	famous	flat
doctor	either	fan	floor
dog	elephant	far	flower
dollar	elevator	farm	fly
door	eleven	fashion	follow

food	get	gun	hill
foot	giant	gym	him
football	girl	hair	himself
for	give	half	hint
force	glad	hamburger	his
forget	glass	hand	hit
fork	glove	handkerchief	hobby
form	go	happen	hold
forty	goal	happy	holiday
found	god	hard	home
four	gold	harp	homework
fourteen	good	hat	hope
fox	goodbye	have	horse
free	gorilla	he	hot
fresh	government	head	hotel
friend	gram	hear	hour
from	grandfather	heart	house
front	grandmother	heat	how
fruit	grape	heavy	however
fry	grass	hello	hundred
full	gray	help	husband
game	great	hen	ice
gang	green	her	idea
garage	ground	here	if
garden	group	hers	image
gas	grow	herself	important
general	guess	hi	in
gesture	guitar	high	include

ink	knife	lie	mark
inside	knock	life	market
interest	know	lift	mat
interesting	lady	light	math
interview	lake	like	matter
into	lamp	line	may
introduce	land	lion	maybe
invite	language	list	me
island	large	listen	meal
it	last	little	mean
its	late	live	means
itself	lay	lock	measure
jacket	lead	locker	meet
jam	leader	long	meeting
jeans	learn	look	melody
job	least	lose	member
juice	leave	lot	memo
jump	left	love	meter
jumper	leg	low	middle
junior	lemon	lucky	might
just	lend	lunch	mile
keep	length	machine	milk
key	less	magazine	million
kick	lesson	magic	mind
kill	let	make	mine
kind	letter	mama	minute
king	lettuce	man	mirror
kitchen	library	many	mix

model	neither	of	parent
moment	net	off	park
money	never	office	part
monkey	new	often	party
monster	news	oh	pass
month	newspaper	oil	past
monthly	next	okay	pattern
moon	nice	old	pay
more	nickname	on	peach
morning	night	once	peanut
most	nine	one	pear
mother	nineteen	onion	pearl
mountain	ninety	only	pen
mouse	no	open	pencil
mouth	nobody	or	penguin
move	none	orange	people
movie	noon	order	percent
much	nor	other	perhaps
mushroom	north	our	person
music	nose	ours	pet
must	not	ourselves	phone
my	note	out	photo
myself	notebook	over	piano
mystery	nothing	own	pick
name	notice	page	picnic
nation	now	pajamas	picture
near	number	pants	piece
need	o'clock	paper	pig

pilot	pull	red	schedule
pink	punch	remain	school
place	pupil	remember	science
plan	purple	report	sea
plane	push	rest	season
plant	put	restaurant	second
play	question	result	see
player	quick	return	seem
please	quickly	rice	sell
pocket	quiet	rich	send
point	quite	ride	sentence
pool	rabbit	rifle	serve
poor	race	right	service
popular	racket	rise	set
post	radio	river	seven
pot	rail	road	seventeen
potato	rain	rocket	seventy
power	raise	room	several
present	rather	rose	shall
president	reach	rule	shape
pretty	read	run	she
price	ready	sad	sheep
probably	real	salad	ship
problem	really	same	shoe
product	reason	sandwich	shop
professional	receive	say	short
program	record	saying	should
public	recorder	scene	shout

show	some	step	tea
shower	someone	still	teach
shut	something	stocking	teacher
sick	sometimes	stop	team
side	son	store	telephone
sign	song	story	television
since	soon	stove	tell
sing	sorry	street	ten
sister	sort	strong	tennis
sit	sound	student	test
six	soup	study	textbook
sixteen	south	such	than
sixty	space	sugar	thank
skate	speak	summer	that
ski	speaker	sun	the
skirt	spell	supper	their
sky	spend	suppose	theirs
sleep	spoon	sure	them
slow	sport	sweater	then
slowly	spring	swim	there
small	square	switch	therefore
smile	stage	system	these
snake	stand	table	they
snow	star	take	thing
so	start	talk	think
sock	state	tall	third
sofa	station	tape	thirteen
soft	stay	taxi	thirty

this	trick	violin	while
those	trouble	visit	white
though	truck	voice	who
thought	true	wait	whole
thousand	try	walk	whom
three	turn	wall	whose
through	twelve	want	why
throw	twenty	war	wide
tiger	two	warm	wife
till	umbrella	was	will
time	uncle	wash	wind
to	under	watch	window
today	understand	water	wink
together	uniform	way	winter
toilet	until	we	with
tomato	up	wear	within
tomorrow	upon	weather	without
tonight	us	week	wolf
too	use	welcome	woman
top	useful	well	wonderful
touch	usually	west	wood
toward	vacation	wet	word
towel	value	whale	work
tower	vase	what	world
town	vegetable	when	worry
train	very	where	would
travel	video	whether	write
tree	village	which	wrong

yard	yes	you	yours
year	yesterday	young	yourself
yellow	yet	your	

■基本語彙135語

　中学1年生用の教科書（*NEW HORIZON English Course 1*），中学1年生の授業で使ったハンドアウト，NHK『基礎英語①』，さらに改訂北大語彙表で指定された1000語レベルの語彙表，の4者に共通して現れたのは次の135語です。

a	cold	go	live
about	come	good	look
after	computer	great	make
all	day	green	many
am	desk	have	me
an	dinner	he	milk
and	do	help	month
any	dog	him	morning
are	dream	his	mother
at	egg	home	much
bed	every	how	my
birthday	fast	in	name
book	fish	it	new
brother	for	know	next
bus	friend	large	nice
by	from	last	no
can	game	left	notebook
car	get	let	of
catch	glass	like	oh

基本語彙135語 —— 215

old	sister	that	well
on	sky	the	what
or	small	then	when
park	so	there	where
pen	some	this	which
play	sorry	time	who
problem	sport	to	whose
rabbit	student	too	why
read	study	touch	with
right	sure	two	work
say	swim	up	yes
school	take	use	yesterday
see	teach	very	you
she	teacher	walk	your
sing	tennis	watch	

■生徒の発話例

　生徒が行った output の 1 例として，太田が教えた生徒 S 8 の interview test の実際の発話を以下に掲載する。
＊（　）内の数字はポーズの秒数を，(.) は 3 秒より少ない秒数を示す。

① ALT との interview test 〈Data 1（中学 1 年11月）〉
S 8：Hi, ×××.
Teacher（T）：Morning.
S 8：How are you today?
T： Very sleepy. How about you?
S 8：I'm very very sleepy, too.
T： Coffee. Its' a joke.
S 8：I'm very sleepy. I get up 7:30. ×××, what time do you get up?
T： I get up at 6:30.
S 8：Oh, very very fast.
T： Very early. 6:30, it's dark outside. Very dark.
S 8：×××, (4.0) What, what time do you, do you, do you have breakfast?
T： I have breakfast at 7:00 o'clock.
S 8：Oh, I, I have breakfast 7:40.
T： What do you eat?
S 8：Um (3.0) I, I, I have *pan* and milk.
T： Bread and milk.
S 8：Yes.
T： Do you sometimes drink coffee?

S8: Umm (.) no.

T: Do you like Japanese green tea?

S8: Ah, yes. (.) I, I (.) come to school by bus. How about you?

T: I come to school by (.) train and bus.

S8: Oh.

T: ×××Line. I use ×××Line, ×××Line, and ×××bus.

S8: Oh. I... ×××bus.

T: Where do you live?

S8: Ah, one more, please.

T: Where do you live? Where is your house?

S8: ×××.

T: Oh, I see.

② 〈Data 8（中学2年3月）〉

S8: Let's talk about sports.
　　×××, what sports do you like?

T: I like baseball, F1, F1 races.

S8: I like baseball, so I like major, major league.

T: Me, too.

S8: Ichiro is good baseball player.

T: I know. He is.

S8: Ichiro is (3.0) I think Ichiro is good good baseball player, but Ichiro is not baseball player now

T: No? No?

S8: Yes. Now. Now. Because Ichiro is not (4.9) How do you say *Ichiro wa mada nareteinai* in English?

T: He is not used to, not used to (.)

S8: He is not,

T: used to,

S8: not used to,

T : American baseball, or major league baseball. Yeah. Yeah. But that's OK. American baseball and Japanese baseball are a little different.
S8: I like, I like Yomiuri Giants. Do you know?
T : Yeah. I know.
S8: I like Matsui.
T : Matsui?
S8: Yes.
T : Godzilla.
S8: Yes, Godzilla Matsui. I like Nishi. Nishi is very faster (.)
T : Uh huh.
S8: Then Yomiuri Giant's teammate.
T : Uh, huh
S8: So (.) my father is, my father likes baseball.
T : Really?
S8: Yes. Do you like baseball?
T : Yeah.
S8: I like Japan baseballs, baseball. So (5.0) but I didn't like football.
T : American football or soccer?
S8: American football.
T : OK.
S8: I, I don't know rule.
T : Yeah, the rules are difficult.
S8: Yes.
T : There are many rules.

参考文献

Bygate, M. (1988). Units of Oral Expression and Language Learning in Small Group Interaction. *Applied Linguistics* 9/1: 59-82.

Foster, P., Tonkyon, A., and Wigglesworth, G. (2000). Measuring Spoken Language: A Unit for All Reasons. *Applied Linguistics* 21/3: 354-375.

Halliday, M. and Hasan, R. (1976). *Cohesion in English*. Longman.

Hatch, E. (1992). *Discourse and Language Education*. New York: Cambridge University Press.

Katagiri, K. 2000. Quick and Rough Estimates of General English Ability Using Mochizuki's Vocabulary Size Test for Japanese EFL Learners. *JLTA Journal* No. 3, 83-99.

McCarthy, M. (1992). *Discourse Analysis for Language Teachers*. New York: Cambridge University Press.

Nation, P. (1990). *Teaching and Learning Vocabulary*. Heinle and Heinle.

Ota, H. (2001). *Case Study on Developments in Spoken Performance of Two Japanese Junior High School Students over Time in Terms of Pause, Self-Repetition, Self-Correction and Functions of Utterances*. Unpublished Term Paper, Tokyo Gakugei University: Tokyo.

Yamauchi, Y. (1995). *Inferrencing Strategies of Unknown Words in EFL Reading Comprehension*. Unpublished Master Thesis. Tokyo Gakugei University: Tokyo.

Young, R. (1992). Discourse Style in Language Proficiency Interviews. *Language Learning* 45/1: 3-45.

長勝彦編著.(1997).『英語教師の知恵袋』.開隆堂.
小菅敦子著.(2002).「中学校現場における「望月テスト」の意義」

『隈部直光教授古稀記念論文集』．開拓社．
小西友七他編．(1999)．『ジーニアス英和辞典《改訂版》』．大修館書店．
園田勝英．1996．「大学生用英語語彙表のための基礎的研究」『言語文化部研究報告叢書7』北海道大学言語文化部．
東京都中学校英語教育研究会．(1979)．『外来語と英語教育(2)―中学校英語教科書に現れた外来語リスト』東京都中学校英語教育研究会研究部．
日臺滋之．(2001)．「日本人中学生のスピーチに必要な表現・語句とその指導方法についての研究」．平成12年度日本学術振興会科学研究費補助金研究奨励研究(B)課題番号12903006．
望月正道．(1998)．「日本人英語学習者のための語彙サイズテスト」『財団法人語学教育研究所紀要』第12号，27-53．
「英語教育なんでも探偵団②」『現代英語教育』第33巻2号．1996年5月．pp. 33-36．

【使用ソフト】
SPSS Base 9.0J. (1998)．エス・ピー・エス・エス㈱．
赤瀬川史朗．(1997)．TXTANA Standard Edition.
Scott, M. (1996, 1997). *WordSmith Tools*. Oxford: Oxford University Press.

■索引

あ
インタビュー 13,20,64,100,102,104,154
英語学習ブースター 10

か
会話の持続力 151
学習指導要領 24
過去形 142,146
重なり語彙 46,91
関係代名詞 75
『基礎英語』 9,25,42,62
決まり文句（formulaic expressions） 135,152
教科書 8,24,26,37,56,58
共通語彙 8
形容詞 71
現在形 142,146
語彙サイズ 53,81,100
　——テスト 94
語彙指導 182
語彙習得 92
語彙の伸び 123
後置修飾 75,128
異なり語数 27,31,33,35,43,55,59,68
個別学習 41
固有名詞 72

さ
作文 51
時制 142,146
自分で作る（rule-governed） 138,152
新出語彙 69
スピーキング 63,67
　——能力 100
スピーチ 13,20,51,53,125
成績 96,98
接続詞 126,131
総語数 26,31,33,35,43,55,59,68

た
代名詞 71,131
動詞 71,73

は
発話語数 106
発話の機能 156,161
話す順番（turn） 103,152,156,169,175
ハンドアウト 9,25,30,37,62
ヒアリングマラソン 113
不規則動詞の過去形 117
不規則動詞の過去分詞 121
副教材 25
文法 117
ペアワーク 13,20
ポーズ 156
北大語彙表 85
　改訂—— 90

ま

未来表現 142,146
望月テスト 82,88

《欧文項目》

CASEC 110
chat 51
C-unit 103,170
EAQ 161,165,173
Follow-up qestions 161,166
Follow-up statements 161
input 5,52
intake 5
Nation 82,114
output 51
「What＋名詞」疑問文 138
Wh 疑問文 134
word family 84

■著者紹介

太田　洋（おおた　ひろし）
2002年，東京学芸大学大学院教育学研究科英語教育専攻修了。教育学修士。東京都杉並区・新宿区の公立中学校教諭を経て，現在，東京学芸大学教育学部附属世田谷中学校教諭。主な著書に，中学校検定教科書 Columbus 21 English Course（光村図書，共編）などがある。
[執筆分担　第3章3，4／第5章5，6／第6章]

金谷　憲（かなたに　けん）
1980年，東京大学大学院博士課程単位取得退学。文学修士。スタンフォード大学博士課程単位取得退学。現在，東京学芸大学教授。英語教育学専攻。主な著書に，『英語授業改善のための処方箋』（大修館書店），『英語教師論』（桐原書店，編著），『高校英語教育構造改革論』（開隆堂出版，編著）などがある。
[執筆分担　第1章／第7章]

小菅敦子（こすげ　あつこ）
2003年，東京学芸大学大学院教育学研究科英語教育専攻修了。教育学修士。現在，東京学芸大学教育学部附属世田谷中学校教諭。主な著書に，『英語教師の四十八手〈第八巻〉スピーキングの指導』（研究社），高等学校検定教科書 Genius I，II（大修館書店，共著）などがある。
[執筆分担　第2章／第4章]

日䑓滋之（ひだい　しげゆき）
2000年，東京学芸大学大学院教育学研究科英語教育専攻修了。教育学修士。長野県，東京都の公立中学校教諭を経て，現在，東京学芸大学教育学部附属世田谷中学校教諭。主な著書に，中学校検定教科書 New Crown（三省堂，共編），『ウィズダム英和辞典』（三省堂，共同執筆・校閲）などがある。
[執筆分担　第3章1，2，4／第5章1，2，3，4，6]

英語教育21世紀叢書
英語力はどのように伸びてゆくか
――中学生の英語習得過程を追う
©H. Ota, K. Kanatani, A. Kosuge, S. Hidai 2003
NDC 375 240p 天地19cm

初版第1刷――2003年4月1日

著者――――太田洋／金谷憲／小菅敦子／日臺滋之
発行者―――鈴木一行
発行所―――株式会社大修館書店
〒101-8466 東京都千代田区神田錦町3-24
電話03-3295-6231（販売部） 03-3294-2357（編集部）
振替00190-7-40504
［出版情報］http://www.taishukan.co.jp

装丁者―――中村愼太郎
印刷所―――文唱堂印刷
製本所―――難波製本

ISBN4-469-24482-1　Printed in Japan
Ⓡ本書の全部または一部を無断で複写複製（コピー）することは，著作権法上での例外を除き禁じられています。